教育发展与制度选择

OYU FAZHAN YU ZHIDU XUANZE

——我国二十五年来教育制度变迁分析

张翼 著

暨南大學出版社
JINAN UNIVERSITY PRESS
中国·广州

图书在版编目（CIP）数据

教育发展与制度选择：我国二十五年来教育制度变迁分析／张翼著．—广州：暨南大学出版社，2012.9
ISBN 978－7－5668－0253－8

Ⅰ.①教…　Ⅱ.①张…　Ⅲ.①教育制度—研究—中国
Ⅳ.①G522

中国版本图书馆 CIP 数据核字（2012）第 153230 号

出版发行：暨南大学出版社

地　址：中国广州暨南大学
电　话：总编室（8620）85221601
营销部（8620）85225284　85228291　85228292（邮购）
传　真：（8620）85221583（办公室）　85223774（营销部）
邮　编：510630
网　址：http：//www.jnupress.com　http：//press.jnu.edu.cn

排　版：广州广海照排设计中心
印　刷：佛山市浩文彩色印刷有限公司

开　本：890mm×1240mm　1/32
印　张：7.25
字　数：190 千
版　次：2012 年 9 月第 1 版
印　次：2012 年 9 月第 1 次

定　价：20.00 元

目　录

序

我的博士弟子张翼博士论文《教育发展与制度选择——我国二十五年来教育制度变迁分析》，经过修改、补充与整理形成学术著作出版，让我为本书写个序言，我感到欣慰与高兴，这本书的标题就激发我一定要给予支持与鼓励，因为多年来我国教育是在改革中发展的，其中教育制度改革与创新起着关键性的作用。

本著作以新制度经济学为理论基础，运用制度分析法、案例分析法等对我国二十五年来教育发展与教育制度改革和教育制度变迁进行了较为系统的理论与实证分析，从而论证了我国教育发展的动力关键来源于合理的教育制度安排、教育制度变迁与教育制度创新。二十五年来的教育变革与发展表明，在政府教育资源稀缺的背景下，教育制度的改革、变迁与创新为教育发展开辟了新的发展空间。当前我国的教育管理体制、教育投资体制和教育办学体制等，在各级各类教育不断改革创新过程中取得了惊人的发展。书中以基础教育、民办教育和高等教育为实证案例，对这三大教育领域二十五年来教育发展与教育制度改革与创新关系，进行了系统实证分析，进一步证实了教育制度改革与创新是影响教育发展的内生变量与重要内生因素，说明了教育持续发展关键在教育制度的改革与创新，不同的教育制度价值趋向则在根本上影响着各级各类教育的发展进度与水平。

本著作还提出了随着我国经济体制改革和教育体制改革的不断深入，因教育制度本身而产生的矛盾与问题将会不断涌现，并可能成为影响我国教育发展的一个主要制约瓶颈，因此不断加强教育制度的改革与创新，对于促进我国各级各类教育持续快速发展是有重要现实意义的。

我国经济政治体制的改革必然会推动着教育制度的改革与创新，这是历史的必然。这本著作的社会价值就是告诉人们推进我国各级各类教育发展的关键在于教育制度改革与创新，我国二十五年来教育发展与教育制度变迁进程的历史经验，充分验证了这一时代的科学论断。因此本著作很值得一读，特此作序予以推荐。

靳希斌
北京京师园
2012 年 6 月 8 日

第一章
导论

一、问题的提出

中国的改革开放已走过三十多个春秋，随着全球化进程的加速，中国社会出现的市场化、城市化进程，社会结构的分化，消费主义和大众文化的兴盛，贫富差距、城乡差距的拉大，严重的腐败现象等问题，使我们不得不清醒地反思这三十多年的改革路径。当代中国的境况恰似一团剪断的乱麻，它既是具有悠久历史传统的文明古国，又是在近代不断遭受外邦凌辱的落后国度；既是正经历着高速成长的“现代化进程中”国家，又是各种遗留难题积重难返的“发展中大国”。而由此就在传统与现代、价值与情势、保守与变革、政治与学术等问题之间交织出非常微妙的纠葛两难，使人感受到纷繁多样又富于变化。面向未来，我们需要前瞻也需要回顾，需要创新也需要继承，需要建设也需要管理，但尤其需要推进体制和制度层面的改革。

（一）制度创新已成为推进国家繁荣、社会进步的主导力量

20 世纪 80 年代以来我国的现代化进程，以经济体制、科技体制、教育体制的改革为中心，彰显了制度变革、制度建设的特殊重要性。时至今日，仍需认识到我国在向现代社会转型的相当长时期内，陈旧体制、制度的束缚仍然是社会发展最顽固的桎梏，体制、机制、政策等制度层面的改革，仍然是对社会生产力

最重要的解放。由于社会主义市场经济体制的构建和完善是一场史无前例的制度创新，因此实现这一场极其深刻的历史变革，需要深入彻底的理论创新。多年的理论创新并没有穷尽人间真理，还有许多重大的理论需要进一步探讨，解放思想的任务尚未完成，体制转轨中的新情况、新问题不断发生。具有历史感才会具有未来感，仅仅具有现实感而缺乏历史感，不可能对未来具有敏锐和准确的洞察力，也会最终拖累中国社会和谐发展的进程。

自从有人类以来，制度就以各种表现形式与人类的发展相生相伴。制度的核心的是法律和宪法。它们束缚和腐蚀着人类的行为，但它们也提供了解放人类的途径。社会制度不包括人类的基本特性，相反，作为历史的产物，制度促生了特定的行为。而作为人类的创造物，它们能够被政策加以改变[①]。制度作为一种历史现象，不是天生的，也不是一劳永逸的。任何制度都有产生、确立、变迁、创新的过程。任何制度的产生、演变和创新都有其观念作为前提，都是在一定制度观念的预制和导引下进行的。制度观念来自人们的制度实践，来自人们所从事的生产实践及在此基础上的交往实践，制度的变革与创新都是在制度实践的过程中进行的。制度的创新与演进是有规律可循的，首先，从制度变迁的方式上看，制度沿着两条路径演进，即路径依赖与结构变迁；其次，从制度变迁的道路看，存在两条相反相成的道路，即自下而上的道路与自上而下的道路；再次，从制度变迁的过程看，制度的演进是制度观念与制度实践、理性建构与自然演进对立统一的过程[②]。

从历史的考察来看，中国自近代以来的历史都是剧烈的

---

① 薛晓源、陈家刚主编：《全球化与新制度主义》，社会科学文献出版社2004年版，第108页。

② 邹吉忠著：《自由与秩序》，北京师范大学出版社2003年版，第11页。

"制度变迁史"，社会转型的基点始终被锚定在制度变迁之上，各种观点和主张都落实到制度的选择之上。一种制度与组织的初始选择对制度与组织变迁的轨迹和发展的方向具有相当强的影响力和约束力，一旦有了明确的选择，该组织和制度就会对这种选择产生依赖。因此，在一系列共享的社会规范和规则制约下，制度可以增加社会行为、经济行为的稳定性和可预期性，从而减少社会经济行为中的不确定性和风险；与此同时，制度作为一种交易，各方共享的社会规范和规则能够促进人们之间的相互信任与合作，使组织行为变成一种超越个体的集体行动，由此形成的规模经济和外部效果将大大降低交易成本。制度的这些功能使得制度在正确的初始选择过程中能够积极地推动制度的良性循环与变迁。

自20世纪70年代末以来，世界各国的政府陆续开始了治道变革。从宏观方面来说，这一变革包括政府职能的市场化、政府行为的法治化、政府决策的民主化、公共事务引入内部市场机制等。政府行为的法治化，主要是解决法律管制过分，解除过分的法律管制，从过分的法制回归法治的进程；政府决策的民主化，主要表现为：在传统普选制度、政党政治和利益集团政治的基础上实现政府行政日益公开化、提高政府公共政策对公民需求的回应性等；政府权力的多中心化，主要表现在提高地方自治水平，还权于社群等。[①] 从20世纪50年代起，人们认为蕴含于机器与设备之中的技术、知识与思想，才是发展的根本。自那时起，人力资本开始受到关注，认为投资于人力资本既可导致新知识和新思想的产生，又会加快吸收、传播和利用新知识和新思想，到90年代更提出了所谓的"知识经济"（信息经济）。但通过对比

① 参见［美］文森特·奥斯特罗姆著，毛寿龙译：《美国公共行政的思想危机》，上海三联书店1999年版，第1页。

不同国家的发展进程和发展速度与效率，人们开始致力于解释不同国家为什么在人力资本和物质资本的积累方面快慢不一；而公共政策开始进入人们的视野，认为设计适当的政策很重要，但促使人们有积极性地选择适当的制度安排更重要。正如世界银行1997年世界发展报告所概括的："这样就产生了新的且更加复杂的问题。什么样的制度性安排最能使市场繁荣？政府作为直接经办人（主要在提供服务方面）以及作为市场所赖以运营的制度内涵的塑造者，应发挥什么作用？政策与制度在发展中是如何相互作用的？"制度成为治道变革中的核心议题。

随着我国所有制形式的多样化，人们更加看重自由选择，这必然带来需求的多元化。多元化发展的目的是消除技术及社会结构中的"路径依赖"。社会选择需要以多元化的社会作为基础，这样才能有所选择。这同样适用于社会体制演变过程中政府对政策的选择，只有渐变地调整，才能使新规则演变为习惯。多次博弈到一定程度，某些规则会固化，引进新的规则，打破平衡点，才能促进社会发展。发展的结果需要多元化为前提，以避免陷入制度固化（僵化）的路径。教育作为人们改变自身经济、社会地位的重要手段，必然要作出相应的选择，而这必然要求相应的制度安排。但由于制度的非中性的特点，当存在着相当高的交易成本时，有效的资源配置结果不可能在每种规则下出现。而制度一旦既定，调整或者改进的重重障碍之一，就在于大多数单独的参与者难以联合起来，形成有效的集体行动。这主要是因为，由多方参加的集体行动的结果，往往是一种公共产品，教育恰恰就是这样的一种公共产品。在这种情况下，对任何个人或个别群体而言，除非存在某种特殊的刺激或激励，否则随波逐流便似乎成了他们的唯一选择。结果，那些貌似不合理的制度便以某种合理的方式存在了下来。群体规模越大，距离公共产品的最优提供值就越远，除非有某种行之有效的制度安排以提供“有针对性的刺激”①，才能改变现有的制度安排。

在制度与个体发展的关系上，我们都承认人力资本投资与人的经济价值的不断提高之间存在着很强的关联，但随着人的经济价值的提高，产生了对制度的需求。这些需求包括公正的法律、公开的办事程序、完善的社会监督机制等。某些政治法律制度就是用来满足这些需求的，这是为适应新的需求所进行的滞后调整，而这些滞后正是一些重大社会问题的关键所在。经济理论是阐明和解决这些问题的一个必要的工具②。制度被视为一种具有经济价值的服务的供给者。这些立法和法律是为适应由人的经济价值提高所带来的制度压力与限制而作出的滞后调整。

中国始于三十多年前的改革，在某种意义上讲，并不是一个客观的自然进程，而是由国家强制实施的政治计划或安排。据此逻辑，中国在引入种种并不为其历史文化所知的现代性的变革进程中，就必须作出相当幅度的政治和社会结构调整，以容纳和推进这种现代化的发展。在这一过程中，新旧制度的相互接纳与博弈是决定变革成功与否的决定性力量。三十多年来，我们经历了诸多的政策选择与制度变迁，这些选择对教育发展究竟有什么样的作用，这些政策的实施后果与制定这些政策的初衷是否一致，都需要我们进行客观的反思和评估。将这两个方面的研究相结合，从制度环境与制度安排层面剖析教育政策制定的动机与实施效果，可以帮助我们站在一个客观的立场上评估教育政策的得与失，并为将来的发展趋势提供一种可能的导引。

---

① 张宇燕：《个人理性与制度悖论——对国家兴衰的尝试性探索》，盛洪主编：《现代制度经济学（上册）》，北京大学出版社2003年版，第289页。

② ［美］T. W. 舒尔茨：《制度与人经济价值的不断提高》，［美］R. 科斯等著：《财产权利与制度变迁——产权学派与新制度学派译文集》，上海三联书店，上海人民出版社1994年版，第251页。

（二）制度变迁与创新是推动教育快速发展的主要因素

教育改革是随着经济、社会体制改革的逐步深入而逐步展开的。1977年恢复高考是教育改革的契机，但那主要是为解决“文革”期间由于停止高校招生而带来的高级人才的极度匮乏问题，以及大批要回城的知识青年的出路问题，以减少社会就业压力、维护社会稳定为目的的应急措施。由于整个制度环境没有发生根本的变革，或者说对于改革的路径如何走，从上到下都还是处在观望和摸索之中。对教育问题的理解还沿袭着传统的分析理路。如“文革”后第一次关于教育本质的大讨论，应该说与我国当时工作重点的转移相吻合，虽然“把教育职能看作既是阶级斗争的工具，也是生产斗争的工具”① 的观点并没有从根本上突破旧的观念，但这次教育意识形态的讨论中有一个最大的变化就是承认了教育具有生产性，从而把教育纳入了社会生产力的范畴，不再简单地把教育理解为只是阶级斗争的工具，为后续的教育改革留下了可遵循的路径。

江泽民同志在北京师范大学百年校庆的讲话中指出：“进行教育创新，关键是通过深化改革不断健全和完善与社会主义现代化建设要求相适应的教育体制。要扫除制约教育发展的体制性障碍，努力提高教育资源的利用效益，优化教育结构，扩大教育资源。”由此可见，教育的进一步的改革与发展就落实到制度的变迁与选择上。

人类历史是一个制度不断变迁的历史。既然我们知道交易费用较低的制度优于交易费用较高的制度，那么用交易费用较低的制度替代交易较高的制度，就会带来更高的效率结果。从效益较

① 参见全国教育研究会编：《论教育的本质和职能》，人民教育出版社1979年版，第6页、24页、119页、121页，转引自康宁著：《中国经济转型中高等教育资源配置的制度创新》，教育科学出版社2005年版，第57页。

低的制度到效益较高的制度的转变叫做制度变迁，制度的创新会导致技术的进步，制度是经过多次交易重复形成的。因此，制度的重要性不言而喻。以制度建设为中心是国家制度现代化的客观需要，一个国家的现代化至少包括两个最主要的方面：一是经济现代化，如农业现代化、工业现代化、科学技术现代化和国防现代化；另一方面是制度现代化，即实现国家基本制度现代化，并更好地实行这些制度，以确保国家利益最大化、全体国民福利最大化。国家制度建设是一个现代国家的基本制度和国家基础设施，它与一个国家现代化的经济建设具有很强的关联性和互补性。实现国家制度现代化不仅是现代国家最重要的目标，而且国家制度现代化也是典型的国家性公共物品。没有国家制度的现代化就无法实现国家的经济、社会的现代化。如果说过去二十多年中国的经济现代化是由中国共产党领导政府首先发动和积极推动的，现在仍需要由党和政府指导和引导并激励各种不同经济活动主体来推动的话，那么中国国家制度现代化则必须也只能由党和政府有意识地发动和领导，并付诸实践，在建立小康社会的同时建立高度民主与法制的现代化社会。国家制度现代化是一个过程，即在充分学习吸收和借鉴人类现代化国家经验与知识的基础上，根据中国国情进行的制度创新、制度建设、制度实施的长期历史过程。它有助于降低国家的管理成本，调节不同社会集团的利益矛盾，维护经济活动所必需的社会秩序与交易规则，它在全社会内进行广泛的收入分配和公共服务的可及性的提供，改善全体国民的人力资本条件。制度建设本身并不是经济建设，但却是促进经济建设持续发展的基础条件①。

① 胡鞍钢：《第二次转型——以制度建设为中心》，《战略与管理》2002 年第 3 期。

（三）制度变迁与创新同教育发展的相关研究匮乏

以1985年《中共中央关于教育体制改革的决定》为开端，二十余年间中国的教育制度发生了显著的变迁，其中经验与教训交织、精彩与遗憾并存。这些制度创新为中国教育资源的优化配置、拓展教育发展空间提供了不竭的动力。目前，我国受教育人口高达2.4亿，是世界上最大规模的教育系统。中国教育的基本情况是“穷国办大教育”，而国民经济发展和国民素质的提高又亟须教育的快速发展，那么，在教育发展的资源条件既定的情况下，通过组织形式和教育制度设计的创新来拓展教育发展空间无疑是一个重要途径。这就需要教育理论创新，特别是教育制度理论的创新。

新制度经济学认为，只有当一个国家的经济组织是有效的时，经济才会发生增长，同样，教育制度的有效性也决定着教育发展。从第一次全国教育工作会议颁布的《中共中央关于教育体制改革的决定》（1985年）到第二次全国教育工作会议颁布的《中国教育改革和发展纲要》（1993年），从《全国教育事业“九五”计划和2010年发展规划》（1996年）到第三次全国教育工作会议颁布的《中共中央、国务院关于深化教育改革全面推进素质教育的决定》（1999年）和国务院批转的《面向21世纪教育振兴行动计划》（1999年），从《国务院关于基础教育改革与发展的决定》（2001年）到《2003—2007年教育振兴行动计划》（2004年），再到《国家中长期教育改革和发展规划纲要（2010—2020年）》（2010年）和《关于开展国家教育体制改革试点的通知》（2010年）以及全国人大先后颁布实施的《中华人民共和国教育法》、《中华人民共和国义务教育法》、《中华人民共和国教师法》、《中华人民共和国高等教育法》、《中华人民共和国民办教育促进法》等，均从不同角度推动了教育制度的改革与创新，为教育发展提供了更大的空间。例如，办学体制与管理体制的改革与创新成为拓展教育发展空间的强大力量，地方办学、分级管理的基础教育管理体制和“三级办学，二级管理”的高等教育体制的创新，为扩大教育资源、拓展教育空间提供了制度上的保证；人事管理制度、大学生就业分配制度的改革与创新，将逐渐改变人们传统的就业观念，为职业的自由流动选择打开方便之门；劳动人事制度的改革与创新，提高了就业的专业资格门槛，为中等和高等职业技术教育的发展提供了广阔的发展空间；教育投资体制和经费筹措体制的改革与创新，一方面打破了对教育的垄断，提高了办学效率，另一方面使更多的社会资金流向教育，教育资源的配置渐趋合理；考试制度和高考制度的改革与创新，也将为真正实施素质教育提供一个良好的制度环境；教育评估制度的建立健全和改革创新，使我国的教育事业在数量规模快速发展的同时，较好地把握教育质量与效益的尺度，为教育的持续良性的发展拓展了空间。可以说，我国教育每向前迈进一步，都与制度创新所释放的发展空间息息相关。然而，人们可以感受到制度的强大力量，呼唤新制度的产生，却并不清楚制度是如何产生的，也不明确制度发挥作用的机制是什么，对教育制度和教育发展关系的认识仍然是笼统的或模糊的。

总之，目前关于教育制度的研究和制度创新的思考与探索远没有被放在应有的位置上给予重视，或者说教育制度的选择与创新对制约教育发展因素的关系、追求教育进步的价值、拓展教育空间的作用等方面的认识，大多还处于感性的、经验认识的层面而未能上升到理性的、科学的层面，无法满足指导教育发展的需要。

二、研究目的和意义

（一）研究目的

通过研究制度及制度变迁对教育发展的影响，从制度环境与制度安排层面剖析教育政策制定的动机与实施效果，可以帮助我们站在一个客观的立场上评估教育政策的得与失，并为将来的教育发展趋势提供一种可能的指引。

（二）研究意义

1. 教育制度变迁分析的学科建设意义

教育制度变迁分析实际上是经济制度变迁理论研究的一个延伸。教育经济学是遵循经济学和教育学的分析逻辑对教育现象和教育规律进行理论构建与实践解读的交叉性学科。教育经济学从学科归属意义上讲，既是教育学科的一个分支，又是经济学的一个分支。它既要体现教育科学研究的基本逻辑，同时又必须反映经济学理论研究的方法逻辑和思想体系。因此，经济学理论范畴和方法论范畴的一些重大变化都会相应地体现在教育经济学学科理论体系的构建中。以交易费用和产权为核心的新制度经济学理论体系对经济学理论框架产生了极大的影响，这种影响也必然渗透于教育经济学学科建设中来。传统的教育经济学分析是新旧古典经济学思想对教育的经济学审视，于是教育成本和教育收益、教育供给和教育需求、教育规模和教育收益、边际分析与效益计量等成为研究的主要范畴，而教育的制度性因素并没有被充分地纳入教育经济学研究的视野中。形成于20世纪各个时期的新制度经济学中的各种思想流派，无疑是教育经济学理论体系创新与发展的一个重要理论源泉。它在接受主流经济学关于资源稀缺、效率、经济人、有限理性这些理论基本假设的前提下，提出了制度作为内生性因素是社会变迁和经济绩效的重要影响因素的命题。

对在解释教育现象和教育问题中作为具有独特的理论基础和方法的教育经济学来说，应该及时地反映这种理论上的变化，吸纳它们当中的合理成分，使学科更加具有生命力和实践解释力。

2. 制度及制度变迁分析的理论价值

当新制度经济学家们摒弃制度是外生或中性的新古典假设，从而将经济运行分析由“无摩擦”的新古典框架转向“新制度”的框架下进行时，市场被描绘成一种为降低交易成本而选择的制度安排。在将制度分析引入新古典的生产和交换理论并更深入地分析现实世界的制度问题中，新制度经济学家同样给出了各种非市场形式的制度安排理由，这就是有限理性和机会主义的客观存在使制度对市场的使用存在成本，因而，为把有限理性的约束作用降到最小，同时保护交易免于机会主义风险的影响，经济主体必然会寻求诸如政府安排的制度。任何特定制度的安排与创新无非都是特定条件下人们选择的结果，而有效的制度安排无疑是经济增长（绩效）的必要条件。正是通过对产权、交易成本、路径依赖等问题的强调，新制度经济学得以将经济增长问题纳入制度变迁的框架中作出深刻的解释。中国二十多年来的经济社会变革也说明了制度在这一过程中的重要地位，完全有理由说制度及制度变迁是解释当今中国种种纠葛、两难命题最具说服力的工具。因此，深入地探讨制度及教育制度变迁的路径、影响因素和走向有益于更加透彻地理解和解决中国教育面临的一系列困惑。

3. 基于中国教育改革与创新的实践价值

处于转型期的中国，既要完成由计划经济向市场经济的体制转轨，又要改善民生实现经济社会协调发展。在这个过程中，制度变革将是左右经济和社会改革与发展能否成功的关键。在开放社会背景下，国家、地区之间的竞争越来越呈现为制度上的优势比较，制度成为影响社会发展绩效的一个重要变量，一个能节约交易成本的制度体系不仅可以吸引投资、人才和技术，而且可以对财富的积累、人的积极性的提高和技术创新提供有效的激励。

教育发展的动力来源于合理科学的制度安排，中国二十多年来的教育变革的实践表明，在政府教育资源稀缺的背景下，教育制度的创新与变革为教育发展打开了新的发展空间。从目前看，我国的教育管理体制、教育投资体制和办学体制取得了很大的进展，但这方面的改革任务仍很艰巨。随着经济体制改革和教育体制改革的深入，因教育制度本身而产生的矛盾和问题将不断涌现，并可能成为我国教育发展的一个主要制约瓶颈，因此，对教育制度及变迁的研究就有了不可替代的现实意义。

三、研究思路和方法

（一）研究思路

本书的基本思路为：从分析制度变迁对社会经济发展的影响和作用入手，指出制度是导致技术进步、生产效率提高的内生要素，是产生变革的原因，而不是传统观点所认为的结果。进而将此观点进行假设，来验证制度创新与不同的制度选择在教育发展进程中起到的作用。在验证完理论假设后，再具体分析过去二十多年间我国在基础教育、高等教育和民办教育上不同政策选择所带来的不同结果，并对这些现象运用新制度主义的观点进行分析和评论。

（二）研究方法

新制度主义代表一种经验研究方法，它像关注个体行为一样关注社会政治生活的制度基础，强调制度因素的解释性权力。经济学中的新制度主义承袭其学科传统，关心个体在面临集体行动时如何进行选择的问题；社会学新制度主义倾向于论述制度无所不在的特质；历史制度主义则以政治权力与国家等传统论题作为其重新诠释的基础。各个学科的新制度主义以及新制度主义的各个流派在应用制度因素分析社会现实的过程中有着共同的兴趣。在当前新制度主义的四大流派中，理性选择制度主义的研究方法是站在理性个人的角度上来作为分析的单元的。该理论代表了一组分析框架，关心制度规则如何改变为物质性自利所激励的、有理性的个人。把制度安排作为主要的解释变量来解释和预测个人行为及其导致的集体结果；个体追求效用最大化的偏好是外生于制度的；个体的行为以计算“回报”为基础，制度的功能在于增进个体的效用，因此，人们通过对制度的重新设计实现制度的变化。这一理论框架应该可以用于分析中国公共管理、公共服务与公共政策发展（包括教育发展）的制度基础问题。

本研究将借鉴新制度主义的方法论，在“方法论的个人主义”和“方法论的集体主义”之间进行选择，在本文中笔者将选择前者。虽然制度是众人遵守的习惯和规则，加之利益集团在制度选择过程的强势地位，使个人选择和个人利益从表面看是淹没在集体行动中了，但正如米塞斯所言：“集体行动只能发生在人与人之间，鉴于集体永远无法被具体化。”即使是利益集团，其基础恐怕还在于个人利益。当个人从自身的利益出发，认识到采取集体行动的潜在收益或预期收益时，分散的个人行动才有可能汇聚成为集体行动。集体是不进行选择的，进行选择的只能是不同的个人。[①] 当然，集体选择的核心是对规则的选择，是多位个人为了各自不同的利益而共同制定，并承诺要一道遵守制定制度安排的一种合作选择。

四、文献综述

（一）国外制度经济学的主要研究成果

自20世纪60年代以来，以科斯、诺思、布坎南为代表的制

① 张宇燕：《利益集团与制度非中性》，盛洪主编：《现代制度经济学（下册）》，北京大学出版社2003年版，第160页。

度经济学派异军突起，使制度研究成为一门显学；新制度经济学从现实的组织体制出发，研究在制度所赋予的制约条件中人的活动与选择。人的理性最大化的选择，是在规则、规范，实质上就是制度制约下的选择，“确切地说，制度经济学探讨的是制约因素的选择，而不是制约因素内的选择”①。我国也在80年代后期开始研究制度问题。而制度学派发展到今天，已演变为被人称为新制度主义的一种宏大的分析框架。就其本身而言，新制度学派是一种主张把制度因素引入经济分析中以解释长期经济变迁成因的理论，它本是经济学中的一个非主流学派，但由于在建立制度分析模型方面取得巨大成功，20世纪80年代后日益引起人们的注意。主流经济学的研究内核是稳定性偏好、理性选择和相互作用的均衡结构；而新制度经济学通过引入信息、产权和交易成本的约束，修正了新古典主流经济学的保护带。虽然新制度经济学对主流新古典经济学的研究思路和框架进行了修正，但主流经济学的价值观却在新制度经济学中得到了保留。如理性选择，强调个体在一定约束下追求自己效用函数的最大化，这也是新制度经济学研究的核心内容。虽然新制度经济学家也注意到人类的理性是有限的，并提出有限理性的假定，但追求个体效用的极大值，起码“次优”的努力一直是新制度主义考虑问题和构建模型的出发点。可以认为，新制度主义的价值观是把主流新古典的效用最大化假定扩展到所有约束的个人选择，在考虑到主流新古典的常规约束之外，还着重考虑了制度的约束和交易成本，从而更好地揭示现实世界的实际。诚如林毅夫先生所说的：“任何理论都是来自于提出这个理论的学者对他所观察到的真实社会现象背后因果关系的抽象，任何经济学理论都是在说明一个决策者如何在

---

① ［英］伊特韦尔等编：《新帕尔格雷夫经济学大辞典》（中译本）第1卷，中国经济科学出版社1997年版，第634页。

所面临的约束条件下作出他所认为的最佳选择，而这个选择的结果也就是大家所关心的社会现象。”[①] 新制度主义理论也是如此。

新制度学派有两个中心概念：“产权”与“交易费用”。产权是对资源的排他性占有和使用的权利，它的重要性表现在假如某种资源没有明确的产权归属，利用这一资源就要冒着收益不抵成本的风险，即产生外部性问题，从而导致资源利用的低效率或无效率。较之产权而言，交易费用是一个更具革命性的概念。交易费用，简单地说就是某一产权界定的运作费用。交易成本可看作“一系列的制度成本，包括信息成本、谈判成本、拟定和实施契约的成本、界定和控制产权的成本、监督和管理成本与制度结构变化的成本，简言之，一切不直接发生在物质生产过程中的成本，或者说交易成本也可认为是组织成本”。[②] 假如交易费用为零，产权如何界定对资源的有效配置无关宏旨，但事实上交易费用总是大于零的，因此产权的界定取得极为重要的意义。产权的界定就是制度，制度的功能就是降低交易费用，使外部性内在化，使资源得到合理配置。新制度主义把“制度”理解为一系列包括正式约束（政治规则、经济规则）和非正式约束（道德规范、文化、风俗习惯）的社会的“博弈规则”。博弈就是选择，正式的和非正式的制度通过影响个人选择而对一国的经济绩效发生积极作用。在这里，制度被视为经济增长的自变量，制度总是变迁的，制度变迁即产权界定的不断调整，产权界定则是国家最擅长和最本质的工作。这样，历史的进步和经济政治的发展应该到制度变迁中去寻找原因。当前，人们关注如下几个问题：制度是如何产生的？制度变迁、制度结构、制度与经济发展的相

① 林毅夫：《论经济学方法》，北京大学出版社2005年版，第6页。

② ［英］伊特韦尔等编：《新帕尔格雷夫经济学大辞典》（中译本）第2卷，中国经济科学出版社1997年版，第50页。

互关系以及制度在人们的社会交往尤其是市场运行中的作用是什么？对于这些问题，不同的学者作出了各自的不同理解：哈耶克认为制度的发生是一个没有计划的过程，是由个体分散决策而演化出来的，而康芒斯认为制度是由集体决策和设计出来的；安德鲁·肖特认为制度（规则）之所以出现和存在，其主要功能就在于降低人们经济和社会活动中的协调成本。市场中习俗、惯例和制度构成了任何市场运行的基础甚至市场体系本身。

制度作为一种公共规则是无形的，它是人的观念的体现以及在既定利益格局下的公共选择。制度一旦形成，就会潜移默化地影响人们的行为，并成为约束人的行为的条件。正因为制度的这一特点，新制度经济学通常把制度与土地、劳动和资本这些有形要素放在一起，作为分析经济行为的重要影响因素来考虑。在理解和运用这一概念时，主要从下面两个角度来分析：一个是用于影响教育发展的制度环境，即宏观体制；另一个角度是从教育资源配置的效率与公平角度来理解制度，即具体的机制与政策。检视当前的文献，从已有的研究看：人们还没有系统地研究和关注制度对教育的影响。制度对经济发展的影响、制度对个人的影响都有所涉及，但制度对教育的影响一直不为传统教育学所重视。传统教育学关注的主题是教育功能的发挥、目标的制定、内容的组织、机构的设置、方法的选择、技术的开发、实践原则的贯彻和人员素质的提高。在教育发展战略上，则主要表现为理性的设计、系统的调控、专家的指导、组织的建设和外延的简单扩大再生产。从制度经济学的发展来看，自从科斯的两篇经典论文《企业的性质》（1937 年）、《社会成本问题》（1960 年）发表后，奠定了新制度经济学的理论基石，使“产权”与“交易费用”这两个核心概念进入了主流经济学的分析框架中，从根本上回答了市场为什么会失灵的难题。他指出，“如何使用资源取决于行政决策而不是直接取决于市场的运行，结果，这一经济系统的效率在很大程度上取决于这些组织处理事务的方式。更令人惊奇的是，他们虽然对定价系统感兴趣，却忽视了市场，或者更具体地说，忽视了支配交换过程的体制安排”。[①] 随后在其他追随者[②]的努力下，不断补充和完善制度分析的框架，将有限理性、不确定性、信息成本、委托代理、机会主义（道德风险）纳入其中，使其更具解释力。在这些后续研究中，道格拉斯·诺思（D. C. North）教授的工作最引人注目。他运用微观经济学分析方法，将社会宏观制度背景及动态历史分析都纳入了交易费用分析框架之中，从宏观动态角度来构建自己的制度变迁理论大厦。在诺思看来，人类行为的本质是理性选择行为，其单位应是个体而不应是集团。其中，理性选择包括动机和对外环境的选择。动机包括财富和其他价值目标，价值目标包括各种意识形态、道德和对自我施加的行为标准。对外环境的选择则决定于人们的认知结构和认识能力，它由部分的理性预期和部分的主观主义不完全信息处理方式所组成。诺思之所以要如此规定行为理论，其关键就在于它能够通过“动机”将意识形态纳入理论分析之中以说明制度产生的原因以及非效率的制度长期存在的原因。他认为，意识形态是一种行为方式，这种方式通过提供给人们一种“世界观”而使行为决策更为经济，同时它不可避免地与人们关于世界是否公平的道德和伦理方面的评判交织在一起，一旦人们发现其经验与之不符，人们就会试图改变其意识形态。这就是意识形态的本质。虽然意识形态随着时代、地域、年龄、职业、经历的差异而有所不同，但一个成功的意识形态必须是灵

---

① 科斯：《生产的制度结构》，这是他获诺贝尔经济学奖（1991年度）时的演说。选自罗汉等译：《诺贝尔奖获奖者演说文集——经济学奖（1969—1995）》，上海人民出版社1999年版。

② 这些追随者包括：诺思、阿尔钦、威廉姆森、德姆塞茨、张五常、青木昌彦、格雷夫、拉坦、林毅夫等。

活的，这样才能通过伦理和道德的力量来克服“搭便车”问题。[①] 另一方面，诺思在认知结构中引入文化因素，认为文化是决定社会制度走向何种绩效的制度路径的关键。他运用上述分析框架分析经济史，得出了一些让人叹服的观点，比如他通过分析1600—1850年世界海洋运输业的案例，认为在技术没有发生变化的情形下，通过制度创新或变迁亦能提高生产率和实现经济增长。他也认为产业革命的爆发是因为市场规模的扩大引起了专业化和劳动分工，进而引起了交易费用的增加，交易费用的增加意味着资源的浪费，也说明原有的经济组织出现了不适应性，这迫使经济组织发生变更，从而降低了技术变迁的费用，加速了经济增长。这个观点就与传统理论上工业革命发生的原因有着本质的区别。[②]

（二）制度经济学理论和方法在教育研究中的运用

在中国目前的研究过程中，制度经济学的理论与方法都得到了经济学、政治学、社会学和教育学科的重视，有许多的文献反映了这方面的努力。从教育学科来看，国内运用新制度主义理论来分析教育问题主要有这样一些代表性文献：①运用制度经济学方法分析教育制度的本质与现代教育制度的变迁与转型（如李江源）。②运用新制度主义分析教育改革问题，如马健生的博士论文《教育改革动力研究——新制度主义的视角》。在论文中他运用新制度主义的一些理论和方法来考察教育自身怎样演进，教育改革的动力来自哪里，影响教育改革进程的各个因素如何相互

① 参见［美］道格拉斯·C. 诺思：《经济史中的结构与变迁》，上海三联书店，上海人民出版社1994年版，“译者的话”第16页。

② 参见［美］道格拉斯·C. 诺思：《经济史中的结构与变迁》，上海三联书店，上海人民出版社1994年版，第68页。

作用，导致教育改革成败的根源何在。[1] ③运用新制度经济学的理论和方法解释教育制度的生成与变革。如康永久的博士论文《教育制度的生成与变革——新制度教育学论纲》。该文提出了以下几个观点：教育制度是极重要的教育资源；教育制度具有内生性，产生于个人基于自身利益的理性计算，而不是取决于不以个人意志为转移的某种客观的社会力量；要在各种教育利益之间取得协调和秩序；教育制度有三种基本形态，它们分别是自在性教育制度、强制性教育制度和自主性教育制度。[2] ④运用制度分析框架从外生变量（制度环境）与内生变量（高等教育的制度安排）相互关系来考察高等教育资源配置的变化，如康宁的博士论文《中国经济转型中高等教育资源配置的制度创新》。[3] 这三类研究与本论文有相互重叠的部分，比如所选择的研究方法、新制度经济学的主要观点（产权、交易费用、激励、信息、成本—收益理论）、对教育制度生成的一些基本观点等。

（三）对我国教育制度变迁研究的简单评价

人类社会的现实选择本来就是理性设计和个人自由发挥的结合，二者之间的界限和结合方式是随着知识的积累和技术的进步而不断发展变化的，而不同的界限和结合又直接影响着人们能够得到什么样的知识和技术。由于人们的生活方式和对自然、社会、人生的思维方式的区别，每种社会的具体制度选择也会各有差异，并且这种差异会由于人们对其已有经验和知识的依赖而得

---

① 马健生著：《教育改革动力研究——新制度主义的视角》，吉林人民出版社2001年版。

② 康永久著：《教育制度的生成与变革——新制度教育学论纲》，教育科学出版社2003年版。

③ 康宁著：《中国经济转型中高等教育资源配置的制度创新》，教育科学出版社2005年版。

到强化，使得不同社会的结构形态和实际运作千姿百态。那些稳定下来的制度以及相关的知识，给生活在制度下的人们以足够的信息，使他能预期到自己的行为选择的后果，不会轻易选择制度所不允许的行动方式，更难以主动去改变现行制度。因此我们发现，古今中外许多低效率的制度竟然有着持久的生命力即所谓的路径依赖和锁定效应。也就是说，最初的选择决定了后来的整个过程。特别地，对于一个变革社会而言，这种路径依赖和锁定效应，大大增加了学习其他文明成果、推动社会制度变革的难度和变革过程中的波折。那些微小的变革努力在这种封闭社会中，只会被消弭于无形。社会结构和制度的突变和跃迁，只能取决于其内部的强烈震动或外部的巨大冲击。从机制设计理论我们知道，评价一个制度的效率时往往从激励和信息两个方面来衡量。前者要求制度应能使个人在追逐自我利益的同时，有动力实现制度设计者所希望达到的对整个社会有利的目标；而后者则要求制度运作所需知识的复杂度不会超出社会整体知识水平。所以，仅仅知道什么制度是好制度无助于在实践中实现这种制度，仅仅知道一个事物的存在与把它具体构造出来所需要的知识的复杂度是不一样的。那些稳定制度背后都有一段漫长的历史，维护制度的“制度”或知识正是在历史中经过反复试错学习到的。

本研究首先要明确教育制度与教育学的“教育制度”或“学校制度”不同，本研究所指的教育制度主要指有关教育的法律、规则、规范、风俗、文化传统、意识形态等；而我们通常所说的教育制度主要指教育的组织及其结构体系。其次，本研究的内容主要分为两大部分：其一为制度方面的研究，这主要包括宏观和中观的理论研究以及相关的国际比较研究，探讨制度在教育发展进程中的作用；其二为我国二十多年来教育的政策与法律研究，主要分析政策出台的背景、原因和实施的效果，通过制度变迁的方式来揭示教育发展的过程与原因。从这个角度上讲，本研究是有一定新意的。

五、创新与不足

(一) 创新之处

(1) 提出制度是影响教育发展的内生要素，教育的发展并不一定随着经济的发展水平而亦步亦趋，不同的教育制度价值取向则在根本上影响着教育的发展水平和程度。

(2) 从制度创新的角度来理解和解释二十多年来我国教育制度变迁的轨迹并且力图描绘未来的发展趋势。

(3) 论证了影响当前教育发展的制度性障碍：一是制度短缺，二是制度执行失范。

(二) 不足之处

(1) 本章的理论基础是新制度经济学理论，但其本身并不是一个放之四海而皆准的理论体系。其理论本身并不是完美无缺的，比如新制度经济学家认为，经济绩效的好坏应从制度的优劣入手来分析，但评判制度优劣的标准又是以经济绩效的好坏为依据的，如此便陷入循环论证之中①。基于经济活动领域而生成的新制度经济学理论如何解释和解读教育领域中的现象；基于经济学假设的理论，能否自洽地分析解释有着独特社会属性和自然属性的教育现象，这里存在着一定的适用性问题。

(2) 中国教育体系之庞大、制度之复杂是世界上没有的，要准确地把握中国教育制度变迁和教育发展的规律性联系是很难的。本论文只是就二十多年来的基础教育、高等教育和民办教育

---

① 何增科：《新制度主义：从经济学到政治学》(公共论丛一)，生活·读书·新知三联书店 1996 年版，第 351 页。

领域的主要制度变迁作简单的梳理，难免挂一漏万，有可能忽视了更本质的内容。

(3) 笔者的知识基础和解释能力的缺陷与不足。制度及制度选择如何影响教育的发展，无疑是一个新的研究领域，用新制度经济学作为理论工具也并没有为理论界所广泛接纳。因此，在进行研究的过程中，可供参考的研究成果有限，加之自身的知识基础和理论修养也存在着明显不足，因此，在研究的过程中必然会出现很多难题，甚至会生成一些误读。

第二章 制度分析与教育制度创新

本章主要是对制度理论内容作一梳理与回顾，作为本文的理论基础，新制度经济学的发展经历了一个较长的时期，一般把它的发展历程分为两个部分，称为旧制度经济学（以康芒斯和凡勃伦为代表）和新制度经济学（这一概念为威廉姆森1975年首次提出，代表人物有科斯、诺思、阿尔钦、威廉姆森、德姆塞茨、张五常等）。

应该说，把制度作为经济学的研究对象是新制度经济学对正统经济理论的一场革命。传统经济理论的三大支柱是天生禀赋、技术和偏好。随着经济研究的深入，人们越来越认识到仅有这三大支柱是不够的。尤其是“二战”后，西方国家受凯恩斯政府干预思想的影响，出现了经济发展停滞、通货膨胀严重的新局面。这些问题使人们意识到，传统的经济增长理论没有涉及经济发展问题中重要的、真正具有本质的方面，特别是没有涉及实现自由、经济繁荣和安全的制度发展。新制度经济学用极具说服力的证据向人们表明，制度是经济理论的第四个支柱，制度在经济发展进程中至关重要。土地、劳动和资本这些要素，有了制度才得以发挥功能。所以，制度对经济行为影响的有关分析应该居于经济学的核心地位。

一、制度及制度构成

（一）制度的内涵

长期以来，人们对制度的规定性认识并不一致。加尔布雷斯曾说制度这一术语虽然已使用半个世纪，但它从来没有严格统一的定义。但我们仍然可以从众多学者的理解中得出关于制度的基本信息。谈到对制度的定义，应该首推在当代制度研究中影响最大的西方旧、新制度经济学派。凡勃伦作为美国制度经济学的开创者，对于制度的定义有过许多具体的解释。他认为："制度必定随着环境的变化而变化，因为就其性质而言，它就是对这类环境引起的刺激发生反应时的一种习惯方式。而这些制度的发展也就是社会的发展。制度实质上就是个人或社会对有关的某些关系或某些作用的一般的思想习惯；而生活方式所构成的是，在某一时期或社会发展的某一阶段通行的制度的综合，因此，从心理学的方面来说，可以概括地把它说成是一种流行的精神态度或一种流行的生活理论。"① 在凡勃伦看来，制度的构成与文化密不可分，制度就是思想习惯适应的产物。康芒斯则认为："我们可以把制度解释为集体行动控制个体运行。"② 在新制度经济学里，制度的主要功能是限制个人和组织的行动。从这个意义上说，制度是主动的，它限制个体的行动，使之不对其他个体实施侵害。因此，康芒斯的制度定义的一个要点就是制度的主动性。它的另一个要点是，制度一定是一种集体行动，也就是说制度的制定和实施都必须通过集体来完成。西方制度经济学第三代代表人物，

---

① 转引自秦海：《制度范式与制度主义》，《社会学研究》1999 年第 5 期。

② ［美］康芒斯：《制度经济学上册》（中译本），商务印书馆 1962 年版，第 89 页。

英国的G. 哈奇森对制度定义有以下几个方面："①伴随着关键的信息反馈，所有的制度包括代理人之间的互动；②所有的制度都是具有大量特征化的和共同的观念与日常惯例；③制度维护共同的观念和预期，且被共同的观念和预期维护；④即使它们既不是永恒的也不是道德的，制度相对具有耐久性、自我强制性和永续性；⑤制度融入了价值和规范的估价过程，特别是，制度增强了它们自身的道德合法性。"[①] 哈奇森及其制度经济学的第三代学者在对制度进行研究的过程中，都倾向于认为：虽然制度依赖个人选择，但是不存在孤立状态下的个人，个人选择是内植于社会文化结构之中的。安德鲁·肖特认为："社会制度，指的是社会的全体成员都赞同的社会行为中带有某种规律性的东西(regularity)。这种规律表现在各种特定的往复的情境之中，并且能够自行实行或由某种外在权威施行之。"[②] 西方制度经济学到科斯那里开始形成新制度经济学，但是科斯并没有给制度作出定义，直到新制度经济学的另一位代表人物道格拉斯·C. 诺思，才给出制度的定义，这些看法多数集中在其代表作《制度、制度变迁与经济绩效》一书中。诺思在书中对制度的定义是："制度是一个社会的游戏规则，更规范地说，它们是为决定人们的相互关系而人为设定的一些制约。"[③] "制度制约既包括对人们所从事的某些活动予以禁止的方面，有时也包括允许人们在怎样的条件下可以从事某些活动的方面。因此，正如这里所定义的，它们是为了人类发生相互关系而提供的框架。它们完全类似于一个竞

---

① 转引自秦海：《制度范式与制度主义》，《社会学研究》1999年第5期。

② 转引自张宇燕著：《经济发展与制度选择》，中国人民大学出版社1992年版，第112页。

③ [美] 道格拉斯·C. 诺思：《制度、制度变迁与经济绩效》，格致出版社，上海三联书店，上海人民出版社1994年版，第3页。

争性的运动队中的游戏规则。"[①] 他将制度和组织区分开来，认为"制度是社会游戏的规则，是人们创造的、用以限制人们相互交流行为的框架。如果说制度是社会游戏的规则，组织就是玩游戏的角色。组织是为一定目标所组成，用以解决一定问题的人群"[②]。沃尔顿·汉密尔顿给出的带有经典味道的定义是："一种制度意味着一种思维方式或某种广为流行的、经久不衰的行动，制度是根植于人群的习惯或风俗，它为人类的活动划定了界限并且强加给人类的活动。"[③] T. W. 舒尔茨是最早用现代经济方法来分析制度的学者之一，在这篇名为《制度与人的经济价值的不断提高》的论文中（该文曾获得《美国农业经济学杂志》授予的杰出论文奖），他将制度定义是"一种行为规则，这些规则涉及社会、政治及经济行为"，并且将制度分为下面几类：①用于降低交易费用的制度（如货币、期货市场）；②用于影响生产要素的所有者之间配置风险的制度（如合约、分成制、合作社、公司、保险、公共社会安全计划）；③用于提供职能组织与个人收入流之间的联系的制度（如财产、资历和劳动者的其他权利）；④用于确立公共品和服务的生产与分配的框架的制度（如高速公路、飞机场、学校和农业试验站）。[④] 日本的青木昌彦对制度的定义为："制度是关于博弈如何进行的共有信念的一个自我维系系统。制度的本质是对均衡博弈路径显著和固定特征的一

① ［美］道格拉斯·C. 诺思：《制度、制度变迁与经济绩效》，格致出版社，上海三联书店，上海人民出版社 1994 年版，第 3 页。

② ［美］道格拉斯·C. 诺思：《制度变迁理论纲要》，《在北大听讲座——思想的声音》，新世界出版社 2003 年版。

③ 转引自张宇燕著：《经济发展与制度选择》，中国人民大学出版社 1992 年版，第 114 页。

④ ［美］T. W. 舒尔茨：《制度与人经济价值的不断提高》，［美］R. 科斯等著：《财产权利与制度变迁——产权学派与新制度学派译文集》，上海三联书店，上海人民出版社 1994 年版，第 253 页。

种浓缩性表征，该表征被相关领域几乎所有参与人所感知，认为是与他们的策略决策相关的。这样，制度就以一种自我实施的方式制约着参与人的策略互动，并反过来又被他们在连续变化的环境下的实际决策不断再生产出来。”① 中国学者盛洪认为，制度是“在多人、多次重复的情境中的人与人之间的行为规范；或者按博弈论的说法，制度是N人博弈的均衡解”。② 类似的观点像程虹所认为的“制度在一定的物质生产力基础上，人和组织相互博弈而形成的并约束人和组织的经济行为选择、调整相互利益关系的一般规则”。③ 也有学者认为制度是“在意识形态及其价值观念基础上确立起来的、得到认可和强制执行的、并内化为相应的社会角色的某些相对稳定的行为规范和取向”。④

从上面对制度不同的定义中我们可以概括出制度具有如下特征：

1. 制度是一束规则，具有强制性或约束性，并主要由法律法规、组织安排和政策来实施

历史上任何制度，都是人的利益及其选择的结果。根据马克思主义的基本原理，社会生产力发展水平及其经济基础决定着上层建筑、意识形态及其制度的形成。但这与制度形成中的成本—收益计算以及利益均衡并不冲突。新制度经济学反复强调，新制度经济学要从现实的组织体制出发，同时也要从现实的人出发。因为现实中的人是在由现实中的制度所赋予的制约条件中活动的。人的任何社会经济活动都离不开制度，什么事能做，什么事

---

① ［日］青木昌彦著：《比较制度分析》，上海远东出版社2001年版，第28页。

② 盛洪著：《为什么制度重要》，郑州大学出版社2004年版，第49页。

③ 程虹著：《制度变迁的周期——一个一般理论及其对中国改革的研究》，人民出版社2000年版，第11页。

④ 李汉林等：《组织和制度创新与变迁的社会过程——一种拟议的综合分析》，《中国社会科学》2005年第1期。

不能做，实际上就是一个制度（即规则）问题。新古典经济学的一个基本假设是“经济人”假设，即人是理性追求自身效用最大化的。但在新制度经济学看来，人理性地追求效用最大化是在一定的制约条件下进行的。这些制约条件就是人们设计或发明的一系列规则、规范等。如果没有制度的约束，那么人人追求效用（或利益）最大化的结果，只能是社会经济生活的混乱或者低效率。

2. 制度是一种具有稀缺性的资源

在经济学中，土地、资本、信息、人力资本等生产要素相对于人们的需求和欲望而言，都是稀缺的。没有稀缺，就不会有竞争出现，也就不需要进行什么成本—收益计算了；没有稀缺，也就没有什么“选择”、“替代”、“最优配置”之类的经济学分析工具了。按照萨缪尔森的说法，“经济稀缺性”指的是经济生活中，人力资源与非人力资源的数量都是有限的，即使用最好的技术和知识生产的物品数量也是有限的。“由于制度本身具有在特定时期和地点消除或减缓稀缺性的功能，并扮演了迎接挑战的主角，因而，制度本身便成了重要的资源。”① 一般资源的稀缺性通常与“匮乏”相关，而制度的稀缺性则源于制度供给的有关约束条件，人们不能按照自己的需要来选择制度。从表面看，人们似乎可以按照自己的需要和意愿来选择制度，现实生活中制度资源也相当丰富，但制度变迁的条件和成本限制了人们的选择空间，甚至扭曲了人们的“理性”行为，如制度创新环境的制约、创新成本的制约、制度资产专用性的制约等。一项新技术的使用是没有国界的，而一种新制度的传播或移植，不仅会受到既定利

---

① 张宇燕著：《经济发展与制度选择》，中国人民大学出版社 1992 年版，第 84 页。

益格局的制约，而且会受到价值观念以及意识形态等因素的制约。①

3. 制度是一种公共物品

经济学把消费具有排他性的物品称为私人物品，消费不具有排他性的物品称为公共物品。制度作为一种行为规则，并不是针对某一个人的。如法律、国防就是典型的公共物品，它们的物质基础来自税收。原则上全社会的每个人都不会被排除在法律与国防的保护之外。公费教育也具有类似特点。由于在使用上的非排他性的存在，它使得人们不愿为公共产品的创造付费而希望别人付费，最后自己坐享其成——这也就是人们常说的“搭便车”。如果大家都如此行事，其结果自然是制度供不应求了。

4. 制度和组织是不相同的

制度是一个社会的游戏规则，或更正式地说是人类设计的、构建人们相互行为的约束条件。它们由正式规则（成文法、普通法、规章）、非正式规则（习俗、行为准则和自我约束的行为规范）以及两者的执行特征组成。组织是指一些参与者以一个共同目的去实现目标的个人群体。它们包括政治主体（政党、参议院、城镇议会、受规章约束的代理人）、经济主体（企业、贸易联盟、家庭农场、合作社）、社会主体（教堂、俱乐部、体育协会）和教育主体（学校、学院、职业培训中心）。② 赫伯特·西蒙说：“组织一词是指群体内人们交流的模式和其他关系。该模式给群体中的每个人提供了决策所需的大量信息、假设、目标和态度，同时也给他提供了关于群体内其他人所作所为

---

① 参见卢现祥著：《西方新制度经济学》（修订版），中国发展出版社2003年版，第48~49页。

② ［美］道格拉斯·诺思：《从制度经济学到制度主义的分析范式》，《经济社会体制比较》2002年第5期。

和别人对自己言行的反应的一系列稳定和可理解的预期。”① 从最广泛的意义上讲，所有不是由市场来指导的生产和交换活动，都是有组织的活动。所有的组织成本都属于交易成本。新制度经济学的一个核心概念就是交易成本，学者们总是努力用不同的交易成本来解释各种组织安排的原因。

（二）制度的构成及功能

我们上面说过，制度是调节人与人之间、人与组织之间以及组织与组织之间互动的规则。制度正是通过提供一系列规则界定人们的选择空间，约束人们之间的相互关系，从而减少环境中的不确定性，减少交易费用，保护产权，促进生产性活动。这些规则大致可以分成正式规则、非正式规则和实施机制三种。

1. 正式规则

正式规则又叫正式约束，是指人们有意识创造的一系列政策法则。它涵盖政治、经济、文化、军事、教育等多个方面，从宪法到具体法规，再到特殊的细则，最后到个别契约，它们共同约束人们的行为。它有以下特点：正式规则具有明确的强制性和有意识性。虽然这些规则由人们自己制定或选择，但是这类规则明确以奖赏和惩罚的形式规定什么是可以做的，什么是不可以做的。因此，正式约束对每个人而言是一种外在的约束，不论是否愿意，他都难以免除这种约束。在正式约束中，新制度经济学关于政治规则与经济规则关系的界定不同于马克思的历史唯物主义原理。诺思认为“一切资源配置的博弈都要在政治规则确定之后”，如宪法，它规范着一切经济规则；马克思主义则认为经济基础决定上层建筑，如列宁所说，“政治是经济的集中体现”。诺思认为政治规则并不是按照效率原则发展的，它受到政治的、

① ［日］青木昌彦著：《比较制度分析》，上海远东出版社2001年版，第97页。

军事的、社会的、历史的和意识形态的约束。因此，一个民族完全有可能长期地停留在低效率的经济制度中。新制度经济学尤其注意政治规则与有效产权形成的关系。他们认为，只有在设计一项规则即产权的预期收益大于其成本的情况下，才能导致新产权安排的出现。如果有明确的政治规则规制着政治当事人的活动，政治的交易成本很低，有效产权就会产生；反之，就会出现无效产权。例如，如果人们把大量资源投入到政治交易活动中，那么生产性活动就会受到抑制，生产领域的收益率就会由于租金的耗散而压抑人们的生产热情。

2. 非正式规则

人类的制度是从习惯与习俗开始的。非正式约束是人类适应稀缺世界的过程，经过长期的试错过程与经验的积累而形成的。从历史来看，在正式约束设立之前，人们之间的关系主要靠非正式制度来维持，即使是现代社会，正式约束也只占整个约束很少的一部分，人们生活的大部分空间仍然由非正式规则来约束。① 非正式约束主要包括价值观念、伦理规范、道德观念、风俗习惯、意识形态等因素。在非正式约束中，意识形态处于核心地位。

在一般的意义上，意识形态主要是指一种信仰体系；一种世界观，是一种系统的价值观念和规范（norms）。若从承续马克思主义传统的批判理论的角度看，意识形态是一种由社会中占支配地位的利益集团所倡导和推动的主流的思想文化和价值体系；若从略带保守主义倾向的社会理论的角度看，意识形态则是一个社会通过价值整合来实现社会存在基础的集体意识。② 因此，意识形态不仅被赋予更广泛的心理和文化含义，而且通常还和人们

① 卢现祥著：《西方新制度经济学》（修订版），中国发展出版社 2003 年版，第 38 页。

② 李汉林等：《组织和制度创新与变迁的社会过程——一种拟议的综合分析》，《中国社会科学》2005 年第 1 期。

社会化的过程以及人们日常生活的价值观念紧紧联系在一起。所以，意识形态可以被定义为关于世界的一套信念，是人们对现实社会的理解，是与现实契约关系的正义或公平紧密相连的，对于赋予宪法秩序和制度安排的合法性有至关重要的作用。在新制度经济学家们看来，意识形态是减少提供其他制度安排的服务费用最重要的制度安排。意识形态的制度性作用可概括为：

（1）意识形态可以影响和左右人们的利益表达。占支配地位的群体通常通过社会化的暗示和明示的方式，传递他们的观念和世界观，再通过各种不同的社会化载体，通过各个不同的角度或方式，反复论证和宣传一种观点、主张和世界观，使人们逐渐接受和认可这样的观念意识，或者用它们来论证和归纳自身的利益综合和利益表达。

（2）意识形态可以影响和左右人们的社会化过程。众所周知，社会化有着各种不同的制度化载体，并始终作为一种主导的和主流的思想文化形态。接受某种意识形态，更多表现为一种主动的、积极的学习过程。通过这样一种价值认同过程，社会成员总是潜移默化地承认现行支配秩序的合法性，将通行的世界观内化为自我的世界观，用通行的价值观念和行为规范为自我制定行为的取向和标准，从而完成自我塑造和实现的过程。

（3）意识形态可以影响社会变迁的具体过程。意识形态既可以成为社会变迁的动力，也可以成为阻力。意识形态可以用来指明社会变迁的新方向和新秩序，也可以使那些未预计到的变迁合法化。意识形态可以团结社会，也可以激励人的行为。林毅夫认为："如果选民们对统治者权威的合法性和现行制度安排的公平性有较强的目的的意识形态，并投资于教育使人们能受到这种意识形态的谆谆教诲。因而统治者个人和他所倡导的意识形态被人们联系在一起。随着制度不均衡的出现，意识形态和现实之间的缝隙在增长。然而，为了恢复均衡而强制推行新制度安排，并改变原来的意识形态，很可能会伤害统治者权威的合法性。因此，统治者可能不是去创造新的制度安排，而是去维持旧的无效率的制度安排并为纯洁意识形态而战，他害怕如果不这样做，他的权威可能被动摇。”①

（4）意识形态可以节约人们在互动过程中的各种行为费用，可以通过价值认同的方式使决策过程简化。② 从制度安排的角度看，意识形态是减少提供其他制度安排的服务费用的一种制度安排。③ 在与他人的社会经济交往的过程中，人们需要一种相应的评判标准，这种标准可以是公众的共同约定（common consensus），也可以是具有特定行为方式的参照群体（reference group）。从这个意义上讲，共享同一意识形态的人群会对相似事件作出类似的反应，这种共同知识的形成有助于合作，使达成共识的交易成本大大减少，并形成比较确定的行为模式和行为规范。

（5）意识形态可服务于人们行为的成本收益分析，能够定义和改变人的行为取向和偏好，具有定义和改变人的行为偏好的功能，可以将一种由制度强制形成的“必须”（must）规范转换成为一种人们自觉地去遵守的“应该”（should）规范。当人们对自己的行为方式是否应该遵循规范而犹豫不决时，起决定作用的因素是非制度化的行为规范被内化的程度，即意识形态在相当程度上具有一种内在的约束力。从这个角度出发，诺思也认为，

---

① 林毅夫：《关于制度变迁的经济学理论：诱致性变迁与强制性变迁》，［美］R. 科斯等著：《财产权利与制度变迁——产权学派与新制度学派译文集》，上海三联书店，上海人民出版社 1994 年版，第 398 页。

② ［美］道格拉斯·C. 诺思：《制度、制度变迁与经济绩效》，格致出版社，上海三联书店，上海人民出版社 1994 年版，第 53 页。

③ 林毅夫：《关于制度变迁的经济学理论：诱致性变迁与强制性变迁》，［美］R. 科斯等著：《财产权利与制度变迁——产权学派与新制度学派译文集》，上海三联书店，上海人民出版社 1994 年版，第 379 页。

一个人之所以会选择投票而不是按照狭隘的个人主义行事（即“搭便车”），是因为他接受了投票是公民光荣义务的意识形态；任何一个成功的意识形态必须克服“搭便车”问题，从而促进一些群体不再按有关成本与收益的简单的、享乐主义的个人计算行事。如果社会普遍信奉的某种意识形态决定性地塑造了个人的荣辱观、义利观、幸福观，那么，这种意识形态就能形成对产权的重要保护和产权界定中的重要机制。

意识形态的经济功能主要表现为：第一，意识形态是一种节约信息费用的工具；第二，成功的意识形态能有效地克服“搭便车”问题，而任何一个组织都会受到“搭便车”的困扰；第三，意识形态能减少强制执行的法律和法院费用以及实施其他制度的费用。

3. 实施机制

人们判断一个国家的制度是否有效，除了看这个国家的正式制度与非正式制度是否完善和协调之外，更主要的是看这个国家制度的实施机制是否健全。离开了实施机制，任何制度特别是正式制度都会形同虚设。“有法不依”比“无法可依”更糟糕的道理就在于此。历史上以“人治”为主的国家，并不是没有制定法律，而是没有建立起与法律制度配套的实施机制。制度的构成为什么要包括实施机制？从制度本身的内涵来看，首先，制度是一种均衡，制度是理性个人在相互理解偏好和选择行为基础上的一种结果，呈现出稳定状态；其次，制度是一种规范，是建立在特定的形势下一组个体对“适宜”和“不适宜”共同认识的基础上的；再次，制度是一种规则，是建立在共同理解的基础之上的，如果不遵守这些制度，将会受到惩处或带来低效率。另一方面，从经验事实出发，实施机制的存在有三个原因：一是市场交换的复杂性，交换越复杂，建立实施机制就越必要；二是人的有限性以及机会主义行为也促使制度实施的建立；三是合作者双方信息不对称，这就容易导致对契约的偏离。[①] 有一个强制性实施机制是任何契约能够实施的基本前提。检验一个国家的制度实施机制是否有效，主要看违约成本的高低。强有力的实施机制将使违约成本增高，从而使任何违约行为都变得不划算，即违约成本大于违约收益。当一个人选择违约带来的预期效用超过将时间及另外的资源用于从事其他活动所带来的效用时，他将会选择违约。因此，任何人都有可能成为违约者，这并不取决于他们的动机与别人是否有差异，只取决于他们所判断的潜在收益与成本之间的差异。

4. 制度的功能

制度的主要功能有以下几种：

（1）降低交易成本。稳定的制度能有效地降低市场中的不确定性，增加稳定的预期，抑制人的机会主义倾向，从而降低交易成本。

（2）实现经济增值。舒尔茨认为："人的经济价值的提高产生了对制度的新的需求，人力资本在寻求其自身的参与权时要求表明制度的状况。"[②] 制度的功能之一就是为经济发展提供服务。

（3）为实现合作创造条件。市场经济的本质是竞争与法治。而制度为人们在广泛的社会分工过程中的合作提供了一个基本的框架，目的是规范人们之间的相互关系，减少信息成本和不确定性，把阻碍合作顺利进行的因素减到最低，为有序、公平的竞争提供一个良好的环境。

（4）提供激励机制。社会演进的根本动力在于创新，只有

---

① 卢现祥著：《西方新制度经济学》（修订版），中国发展出版社 2003 年版，第 42 页。

② ［美］T. W. 舒尔茨：《制度与人经济价值的不断提高》，［美］R. 科斯等著：《财产权利与制度变迁——产权学派与新制度学派译文集》，上海三联书店，上海人民出版社 1994 年版，第 251 页。

一个社会为个人的创新努力提供了某种程度的奖励（如专利权和知识产权的保护），人们才有动力持续不断地创新，这样社会才能不断地向前进步。诺思在分析西方世界兴起的原因时指出："有效率的经济组织是增长的关键因素；西方世界兴起的原因就在于发展了一种有效率的经济组织。有效率的组织需要建立制度化的设施，并确立财产所有权，把个人的经济努力不断引向一种社会性的活动，使个人的收益率不断接近社会收益率。"①

总而言之，制度的作用在于：在资源稀缺、竞争激烈的社会环境中，设定人们的行为规则，调整人们的行为规范，使人们的各种交换活动能够顺利地进行，激励和约束人们经济交易中的各种行为，减少人们行为中的不确定性，减少人们在经济活动中的交易费用，扩大市场的规模与范围。

5. 其他相关概念

制度环境：一系列用来确立生产、交换与分配的基本的政治规则、社会规则与法律规则，如支配选举、产权与合约权利的规则。②

制度安排：支配经济单位之间可能合作与竞争方式的规则，它可能是正式的或非正式的，可能只包括单个人，也可能是一批自愿合作者，或政府性安排。

制度结构：一个社会中正式的和非正式的制度安排的总和。

制度创新：可被理解为一种特定组织的行为的变化；这一组织与其环境之间的相互关系的变化；在一种组织的环境中支配行

① ［美］道格拉斯·诺思著：《西方世界的兴起》，学苑出版社1988年版，第1页。

② ［美］戴维斯、诺思：《制度变迁的理论与原因》，［美］R. 科斯等著：《财产权利与制度变迁——产权学派与新制度学派译文集》，上海三联书店，上海人民出版社1994年版，第270页。

为与相互关系的规则的变化。①

二、制度变迁理论及其方式与路径

制度变迁是一种复杂的社会实践现象。制度变迁不是泛指制度的任何一种变化，而是特指一种效率更高的制度代替原有的制度。新制度经济学沿袭新古典经济学的“需求—供给”框架，展开对制度变迁的研究，由于个体追求利益的最大化和“看不见的手”的作用，制度的需求与供给在制度变迁运动中是客观存在的。只要变迁的主体能从变迁预期中获利或避免损失，它就会去尝试变革制度。当制度的供给与需求相当时，制度的供需就会达到一个均衡，此时制度就会保持在一个稳定的状态；而当制度的供需不平衡时，由于个体追求自己利益最大化的努力，制度变迁就会发生。“从制度变迁的需求方面来说，当在现有制度框架下，由于外部性、规模经济、风险和交易成本引起的收入增加不能实现时，一种新制度的创新便应运而生，并使这些潜在收入的增加成为可能，也就是说只要制度变迁的预期收入超过预期成本，制度变迁就会发生。”②

（一）制度变迁的基本理论

新制度主义学派认为：制度安排之所以会被人创新，是因为有许多外在性变化促成了利润的形成，但是由于规模经济的要求，外部性内在化困难，厌恶风险，市场失败，以及政治压力等原因，使潜在的外部利润无法在现有的制度安排结构内实现，因

---

① ［美］V. W. 拉坦：《诱致性制度变迁理论》，［美］R. 科斯等著：《财产权利与制度变迁——产权学派与新制度学派译文集》，上海三联书店，上海人民出版社 1994 年版，第 329 页。

② 程虹著：《制度变迁的周期》，中国发展出版社 2003 年版，第 11 页。

而在原有制度安排下的某些人为获取潜在利润，就会率先来克服这些障碍，从而导致一种新的制度安排的形成。只有在创新的预期净收益大于预期成本时，才会作出一项新制度安排。因此，尽管在历史上可能存在许多可以获取的潜在利润，但只有在以下两种情形下才会发生制度创新：①创新改变了潜在的利润；②创新成本的降低使制度安排的变迁变得合算了。对于第一种情形，比较明显的是市场规模的变化会改变特定制度安排的收益和费用，技术变迁会使得制度安排的变迁有利可图；一个社会中各种团体对收入的预期会使他们对新制度安排的收益与费用作出重新评价。对于第二种情形，若一种安排的组织成本已由另一种安排所支付，则这一安排创新的成本会显著降低；技术革新[①]不仅能改变制度安排的收益，而且能减少某些安排的制作成本；信息的传播与有利于安排创新的社会科学知识的进步，也会使某些安排创新的成本降低。制度安排的创新到底会选择哪一种形式，这取决于每一种形式的成本与收益，以及受影响团体的相对市场与非市场力量。一般来说，个人的安排不需要支付组织成本，也不用支付强制成本，但收入的增长只限于一个人，因而制度创新的外部收益不大。而自愿安排则是相互同意的个人之间所达成的合作性安排，参与其中的任何人都可以合法地退出，因此，它要支付组织成本，但没有强制成本。政府性安排则没有提供退出的选择权，因而它既要支付组织成本，也要支付强制成本，不过，由于它在作出决定时不需要有一致的同意，只要符合相互认可的组织程序即可，因此它要支付的组织成本可能要低于自愿安排。[②]

① 如电脑、互联网的出现在很大程度上改变了信息不对称的现状，有效地降低了交易费用。网络将在未来深刻地影响中国发展。

② ［美］R. 科斯等著：《财产权利与制度变迁——产权学派与新制度学派译文集》，上海三联书店，上海人民出版社 1994 年版，第 14 ~ 16 页。

制度变迁理论主要有这样几种：

1. 哈耶克的演进主义制度变迁观

作为西方自由主义精神领袖的哈耶克坚持认为，制度变迁是一个自发的演化过程，而不是一个理性设计的人为建构过程。任何人都没有能力为人类发明一套社会行为的规则，用哈耶克的话来讲，这个规则至今还是一个理性不可及的领域。在他看来，由于人类的知识和信息都是非常有限的，人类实际上不可能设计出任何有效的制度。设计一个制度所需要的完备信息与知识，与个人有限的信息与知识是不一致的。如果硬要由人类自己来设计制度，那么这种制度要么是极不合理的，要么就演变为极权主义的制度。自然演进的制度可以充分地吸收来自不同主体的信息与知识，并且避免由于一个中心的存在而导致制度不合理的风险。要形成自然演进的制度，就必须保证不同的经济主体特别是个人的自由，只有保证个人的自由，才可能有自然演进的制度。个人的自由选择权，以及相互之间所形成的博弈与互动关系，可以达到信息与知识的最大限度交流与共享，从而逐步筛选出一个好的制度。每个人都有自己的想法，对理想的制度有一个构想，他所做的就是为了实现那个理想的制度。如何区分“自发产生”与“人为制定”的制度呢？这取决于秩序与规则是当事人博弈和讨价还价的结果，还是他人即第三者从外在为当事人制定并强加给他们的。

在历史长河中，几乎所有的制度安排都是在竞争中产生的，因此也就具有了哈耶克意义上的自发特征。

2. 诺思的制度变迁理论

诺思重新解释了经济制度的演变过程，建立了以新古典方法为基础的制度变迁理论体系。其理论主要包括制度变迁动因的理论、制度变迁路径的理论、制度变迁的主体、制度变迁的方式等内容。

（1）制度变迁动因的理论。

诺思指出，在稀缺性和竞争性的经济环境中，制度和组织之间连续的相互作用是制度变迁的关键。竞争迫使组织为了生存不断投资于技能和知识，个体和他们的组织所获得的技能和知识种类将形成对机会和选择的不断发展的认识，这些机会和选择又将会不断地改变制度。这些都促使人们对现存制度的成本和收益进行重新对比、审视和判断，进而发生对制度偏好的改变，也即产生对能实现潜在收益的新制度的需求。相对价格和偏好的变化将改变利益的源泉，从而促使某些人通过改变制度规则来获取这些潜在的利益。因此，制度变迁的内在动因是主体期望获取最大的“潜在利润”，导致潜在利润出现的原因有很多，如政权基本规则的变更、市场规模的变动、生产技术的发展、社会集团对收益预期的变化等。

（2）制度变迁路径的理论。

它主要是指路径依赖理论。这种理论主要是描述过去的制度对现在和将来所实施的制度产生影响，以及人们过去的行为对现在和将来的行为产生影响的过程和机制。在制度变迁中，同样存在着报酬递增和自我强化的机制，不同的路径最后会导致完全不同的结果，一旦踏上某一路径，它的既定方向在以后的发展和演变中就会得到自我强化，即人们过去作出的选择决定了他们现在可能的选择。所以，在诺思看来，制度的演化不外乎有两种不同的结局，要么进入良性循环的轨道，加速优化；要么在恶性循环的路径上滑下去，不断恶化，甚至被“锁定”在一种无效率的状态中，忍受长期的经济停滞而不能自拔。

（3）制度变迁的主体。

诺思认为，稀缺经济下的竞争导致企业家和组织加紧学习以求生存，并在学习过程中发现潜在利润，创新现有制度。他所说的组织包括经济组织和政治组织。政治组织就是政治性企业。个人、团体和政府三个层次的制度变迁主体都是追求利润最大化的企业家。

(4) 制度变迁的方式。

诺思认为制度创新以渐进式为主，并反复强调“制度变迁是完全连续的，制度变迁一般是渐进式的”，把制度变迁的路径描述成一条从边际部分开始，只有量变没有质变的、平稳的、渐进的、连续的和谐之道。

3. 马克思的制度变迁理论

马克思是从生产力与生产关系相互作用的辩证关系角度阐述社会制度的变革和人类社会的演进过程的。诺思自己也承认，在详细描述长期变迁的各种现存理论中，马克思的分析框架最有说服力。“马克思主义的框架之所以是目前对长期变革最有力的论述，恰好是因为它将新古典框架舍弃的全部要素都包含在内：制度、所有权、国家和意识形态。”① 马克思在对历史的演变发展及历史各个构成部分的关系作了全面考察的基础上构建了一个制度变迁的基本框架。在马克思看来，社会经济形态的演进依次经历了原始社会、奴隶社会、封建社会、资本主义社会、共产主义社会五个阶段。社会形态演变或社会制度变迁的根本动力是生产力的发展。马克思的制度分析框架包含了对制度间辩证关系的科学分析。生产力是社会发展中最活跃的因素，一定的生产力水平决定了相应的生产关系，生产关系对生产力具有不可忽视的反作用，生产力对社会发展的推动作用正是通过突破旧的生产关系而实现的。与生产力发展水平相适应的生产关系构成经济基础，经济基础和上层建筑之间同样有一种作用和反作用的辩证关系。

---

① [美] 道格拉斯·C. 诺思著：《经济史中的结构与变迁》，上海三联书店，上海人民出版社 1994 年版，第 68 页。

（二）制度变迁的方式

1. 诱致性制度变迁

诱致性制度变迁指的是现行制度安排的变更或替代，或者是新制度安排的创造，它由个人或一群（个）人，在响应获利机会时自发倡导、组织和实行。与之相反，强制性制度变迁由政府命令和法律引入和实行。诱致性制度变迁必须由某种在原有制度安排下无法得到的获利机会引起。① 制度变迁的发生是制度不均衡所致，而制度的不均衡将产生新获利机会。为得到获利机会带来的好处，新的制度安排就被创造出来，因为制度结构由一个个制度安排构成，所以一个特定制度安排不均衡就意味着整个制度结构不均衡；一个特定制度安排的变迁，也将因此引起其他相关制度安排不均衡，因此，诱致性制度变迁的过程类似于一种进化的过程。诱致性制度变迁具有渐进性、自发性、自主性特征，新制度的供给者或生产者只不过是对制度需求的一种自然反应和回应。在诱致性制度变迁中，原有制度往往也允许新的制度安排渐进地出现，以保持活力。

2. 强制性制度变迁

强制性制度变迁表现为突发性、强制性、被动性，主要是应制度竞争的需要而产生。在强制性制度变迁中，创新主体首先是新制度安排的引进者而非原创者。就本质而言，诱致性制度变迁只是在现存制度不变的情况下所作的制度创新，即制度的完善；而强制性制度变迁往往要改变现存的根本制度即实现制度的转轨。强制性制度变迁的主导者是国家。按照韦伯的定义，国家是

① 林毅夫：《关于制度变迁的经济学理论：诱致性变迁与强制性变迁》，[美] R. 科斯等著：《财产权利与制度变迁——产权学派与新制度学派译文集》，上海三联书店，上海人民出版社 1994 年版，第 384 页。

一种在某个给定地区内对合法使用强制性手段具有垄断权的制度安排。国家的基本功能是提供法律和秩序，并保护产权以换取税收。[①] 由于在使用强制力时有很大的规模经济，所以国家属于自然垄断的范畴。作为垄断者，国家可以比竞争性组织以低得多的费用提供制度性服务。在这两种制度变迁方式中，并没有绝对谁优谁劣的判断，但一个明显的事实是，国家虽然不能决定一个制度如何工作，但却可以决定什么样的制度可以存在。那么国家是否激励和有能力去设计和强制推行由诱致性制度变迁过程所能提供的、适当的制度安排？经济增长时会出现制度不均衡（中国这些年的改革经验与教训很清楚地表明了这种情况的存在），有些制度不均衡可以由诱致性制度创新来消除。然而，有些制度不均衡由于私人和社会在收益、费用之间有分歧而继续存在下去。只要统治者的预期收益高于他强制推行制度变迁的预期费用，他将采取行动来消除制度不均衡。明智政府与不明智政府的区别就在于政府能否有效地激励个人的创造性，使制度变迁朝着个人与社会收益最大化的方向前进。

（三）制度变迁的路径依赖

在制度变迁的过程中，我们会发现在人类历史的某些时期，人们确实生活在一个对大多数人都不利的制度结构下。无论这种制度是怎样产生的，它的存在并不说明它的合理性，比如中国的人民公社制度。人们为什么会选择一种低效率的制度？路径依赖理论或许可以解释原因。这种理论的提出是想告诉人们，一种现存的制度及其所塑造的人们的社会行为，都具有一种“惯性”，

① 转引自林毅夫：《关于制度变迁的经济学理论：诱致性变迁与强制性变迁》，［美］R. 科斯等著：《财产权利与制度变迁——产权学派与新制度学派译文集》，上海三联书店，上海人民出版社 1994 年版，第 394 页。

一旦采取了某种制度，贯彻了某种社会行为，进入了某种特定路径，那么，这种制度或行为就会形成一种惯性，为人们进一步的路径选择制造出一种依赖结构。按照诺思的说法，即人们过去的选择在很大程度上会决定着他们现在或将来的选择。这种观点反映了"制度的历史和积累性本质。这些结构可能随着时间而改变，但是，它们也保留了过去历史的特征"[①]。由于制度存在报酬递增机制，所以，一旦某种制度在外部偶然性事件的影响下被社会采纳了，便会沿着一定的路径演进，而且很难为其他潜在的甚至更优的体系所替代。由于存在报酬递增的路径依赖，制度就变得重要。经济分析最早将路径依赖框架用于技术变迁过程的研究，学者阿瑟以 QWERTY 键盘的发展过程为例，分析了在技术变迁过程中存在着路径依赖现象，即技术选择锁定和缺乏效率的情况。QWERTY 键盘与同期的 DSK 键盘相比效率较低，但仍能占有市场的支配地位，这是因为 QWERTY 键盘的使用具有递增收益，而这种递增收益来源于技术的相关性、规模经济和投资的准不可逆性[②]。因此，是递增报酬和偶然事件，而不是效率标准，决定了技术选择。也有学者将技术的选择归结为历史小事件[③]和由于递增报酬所导致的锁定。技术递增报酬的产生是因为技术演进中的自我强化机制，主要表现为：①随着技术的使用，

① 薛晓源、陈家刚主编：《全球化与新制度主义》，社会科学文献出版社 2004 年版，前言第 5 页。

② 技术相关性是指这样一种情况，QWERTY 键盘安装得越多，拥有这种打字能力的人也就越多，从而购买这种技术的使用者也越多；使用者数量的增加可导致使用 QWERTY 键盘的成本递减，进一步表现为技术的报酬递增和规模经济；同时由于使用者转向另一种打字技术的学习、转换成本太高，产生了在专用键盘技术上投资的准不可逆性，Windows 操作系统的广泛使用也是这样。

③ 保罗戴维认为历史小事件是指那些观察者事先无法预知的偶然事件或一种事件状态，它决定了在一组可以相互替代的体系中哪一种会被选择，并导致结果的不可预见性。

产出增加，固定成本的单位分摊减小；②技术使用过程中所形成的经验和知识积累具有收益递增效应，而且技术在使用的过程中会被不断改善；③一项技术的采用会导致一系列互补性技术和产品的出现，从而产生部门间的合作效应；④技术的运用增大了该技术和产品被更多使用的预期。①

人的行为如此，组织和制度的行为亦如此。当一种制度和组织嵌入到他所处的那个社会环境以后，它首先要面临很多的选择和问题，其中最重要的是路径依赖和自我强化。这意味着，在制度和组织变迁的过程中，一旦这种组织和制度在自我增强机制下选择了一条路径，就会很强势地沿着已经选定的路径继续走下去，这种组织和制度的既定方向也很可能会在接下来的发展进程中得到强化。换句话说，一种制度与组织的初始选择对这种制度与组织变迁的轨迹和将来发展的方向具有相当强的影响力和约束力，一旦有了明确的选择，该组织和制度就会对这种选择产生依赖。一方面，这种路径可能会通过惯性和动能产生所谓的“飞轮效应”，推动一种制度和组织朝着正反馈的方向去变迁与发展；另一方面，这种路径可能会通过惯性和动能触发负反馈机制，从而造成制度与组织陷入或锁定在一种死循环（doom loop）的状态之中，最终导致组织无效或停滞状态。上述制度行为的惯性对于制度与组织的变迁具有两重意义。一方面，在一系列共享的社会规范和规则制约下，制度可以增加社会、经济交换行为的稳定性和可预期性，从而减少非规范社会经济行为中的不确定性风险；与此同时，作为一种交易各方共享的社会规范和规则，制度能够促进人们之间的相互信任与合作，使组织行为变成一种超越个体的集体行动，由此形成的规模经济和外部效果将大大降低交易成本。制度的这些功能使得制度在正确的初始选择过程中能

① 转引自赵祥：《新制度主义路径依赖理论的发展》，《人文杂志》2004年第6期。

够积极地推动制度的良性循环与变迁。另一方面，一种新的规则或规范能够以制度的形式出现，必然是交易各方共同选择和相互妥协的结果，这种共同选择和相互妥协根植于各方在这种体制选择中实现了各自投入—收益之间的均衡。与此同时，制度的价值还在于它能够为社会经济活动提供一种稳定的长期服务，人们可借此对社会经济活动作出长期的预期，以及由此产生安全感。制度行为的惯性对其变迁的推动与制约的双重作用，从一个侧面显示了新制度的初始选择以及影响这种初始选择的条件（初始条件）的重要性。

三、制度分析及其解释力

（一）制度分析方法的产生、实质及其普适性

新制度经济学能够脱颖而出，受到各方的推崇，是因为它在分析西方经济演进的原因有其独到的视角以及方法论上的特点。制度分析区别于单纯经济分析的方法论的优势在于，它强调从经济、政治、社会、历史及文化发展的整体分析和跨学科研究视角，探索经济制度的变迁轨迹和经济活动的内在制约因素。显然，制度分析所强调的这一方法论原则更有助于从各种制度、各个学科及不同研究对象的交织点，透过纷繁复杂的经济与社会现象的外观，更好地揭示制度变迁的内在本质。而现代西方主流经济学的研究框架，注重逻辑推理，注重若干假设条件下的数量经济关系的研究，通常将制度因素存而不论，并将对经济制度的分析局限于非常狭窄的研究领域。不仅如此，西方经济学的分析框架日益背离经济制度而嵌入其中的社会、历史及文化的土壤，孤军深入地向前发展，对日趋复杂的社会经济问题的求解，愈来愈束手无策。制度经济学和制度分析方法再度引起普遍关注，从某一侧面反映出经济社会发展的内在需要。

新制度经济学对西方经济发展的历程尤其是对工业革命发生的原因的分析独树一帜，这也在很大程度上巩固了制度作为经济发展的核心要素的地位。按照传统观点，产业革命的发生无非是瓦特发明蒸汽机和约翰·凯发明飞梭之类的技术进步的结果。产业革命似乎是一种突变，可在诺思看来，则是一系列制度方面的变化给产业革命这一根本性变革铺平了道路。诺思认为，英国工业革命产生的过程是：意识形态和道德准则的演变以及革命孕育了特定的宪政秩序，而宪政秩序决定政治体制和法律体制，最后导致了以技术革命为核心的工业革命。资源配置问题是经济学的一个中心问题，资源配置效率是主流经济学价值观的重要组成部分。制度经济学家在这一问题上表现出的价值观是和主流经济学不同的，他们认为社会的权力分配是一个比资源分配更为重要的问题，前者决定后者。制度学家反对把市场作为经济的引导机制的观点，他们认为，稀缺资源在不同可供选择的用途中由市场来配置的这种观点是不正确的；任何社会中，资源配置的实际决定因素是那个社会有组织的结构，即由制度来决定。市场充其量仅能对现行制度产生影响。政治革命作为上层建筑的革命，主要目标是为经济基础——生产关系的变革开辟道路，从而为生产力的发展开辟道路。这不仅符合马克思主义的唯物史观，而且也符合历史事实。政治革命是经济制度突变的前奏。任何事物的发展都有渐变和突变，并且更多的渐变一般是在突变之后。政治革命之所以爆发，往往是因为经济制度依靠自身的力量无法实行变革，只有借助革命之后新政权的力量，甚至战争这种暴力手段取得政权才能推进经济变革。例如，英国1641—1648年的“光荣革命”，首先是因为英王封建统治同工商资本主义因素的矛盾日益加剧，具体的“导火线”是英王要对工商活动加税，由于矛盾实在不可调和，从而酿成了战争和革命。在这场革命之后，许多阻碍资本主义制度的法律被废除和取代了，从而为资本主义制度的建立打开了通道。

诺思说："正是暴力潜能在政治经济单位内部和之间的配置，对古代世界的经济结构以及经济实绩产生了最主要的决定性影响。"①（这就是说只有政治革命是新经济时代和制度的开端。）他又说："制度创新来自统治者而不是选民，因为后者面临'搭便车'的问题。"② 他所说的制度创新，是指全面制度改革和建立，而不是那种局部的自发创新。他所说的"搭便车"，是因为全面制度的改革与建立是公共物品，私人不愿也没有能力进行；这只有国家愿意并且有能力进行。由此可见，只有进行了成功的政治革命，也就是新政治统治开始之后，才能进行全面的经济制度改革与创新，才能建立新的经济制度，开辟新的经济时代。

传统经济学将经济增长的动力解释为土地、资本、自然禀赋这三大要素，但在现代，它们已不像过去那样至关重要。由于农业生产技术的改善，人类已可以生产出超过工业化世界所需的食物，资本变得不再紧要是因为在付出代价的情况下，总是可以从国际市场获得相应的资本，当前只有中东少数国家还依靠自然资源来维持经济的增长，但也开始强调资源的再利用和可持续发展。所以说，经济增长不仅依靠生产技术的改变来获得，更要依靠组织结构、制造工序、工艺流程的制度性因素的改变来创造价值。从现象上看，增加资本积累、发展劳动的专业化分工、促进技术进步以及扩大市场规模等，都会促进经济增长。或者说，经济增长是资本、劳动、土地和技术等生产要素的函数。随着生产过程中投入要素数量的增加和质量的提高，潜在生产能力和人均产出会相应地增长。但从本质上看，决定一国经济增长的关键因

---

① ［美］道格拉斯·C. 诺思，陈郁、罗华平等译：《经济史中的结构与变迁》，上海三联书店，上海人民出版社 1994 年版，第 102 页。

② ［美］道格拉斯·C. 诺思，陈郁、罗华平等译：《经济史中的结构与变迁》，上海三联书店，上海人民出版社 1994 年版，第 102 页。

素是该国选择的制度（包括制度环境和制度安排）是否有效率。制度是一个社会的游戏规则，更规范地说，它们是为决定人们的相互关系而人为设定的一些制约。制度构造了人们在政治、社会或经济方面发生交换的激励结构。这种激励结构会影响或改变人们的偏好和理性计算，进而会影响人们的选择和行为，并最终影响经济运行的结果和绩效。因此，在技术不变时，通过制度创新或变迁也能提高生产率和实现经济增长。比如，诺思教授的研究发现在1600—1850年间，世界海洋运输业中并没有发生用轮船代替帆船之类的重大技术进步，但这期间海洋运输的生产率却有了很大提高，原因就在于航运制度变得更完善，减少了不确定性，市场制度也更完全，从而降低了海洋运输成本，最终使得海洋运输生产率大大提高。① 钱德勒在研究发生在美国20世纪50年代的工业管理革命过程中指出，与以技术变迁可能实现的潜在规模经济的经济收益回应相比，这场管理革命更多的是由市场机会扩张所诱致的制度变迁的产物。由这些结构性创新所导致的制度效率的收益，又创造了一种传导技术创新的环境。在他看来，美国工业中的规模经济更多的是制度创新的产物，而不是技术变迁的结果。② 以往各种对经济增长原因的分析，无论是资本积累，还是技术进步等，不管多么精致，都正如诺思所说，它们仅仅只是经济增长的表现，是经济增长本身，而不是经济增长的原因。奥尔森用了这样一个比喻："它们追溯到江河源头的小溪与湖泊，但没有解释注入这些源头的雨水是怎样生成的。"

在新古典的理论中，世界是和谐的，制度并不存在，所有的

---

① ［美］道格拉斯·C. 诺思著：《经济史中的结构与变迁》，上海三联书店，上海人民出版社1994年版，译者的话第5～6页。

② ［美］V. W. 拉坦：《诱致性制度变迁理论》，［美］R. 科斯等著：《财产权利与制度变迁——产权学派与新制度学派译文集》，上海三联书店，上海人民出版社1994年版，第332页。

变化都可以通过市场的完全运行来实现。简言之，信息费用、不确定性、交易费用都不存在。而在现实经济生活中，信息的获取是有成本的，交易费用是普遍存在的。在这样一个重交易费用的世界里，任何交易都是要花成本的，不同的制度安排，对主体的责任和权利的限定是不同的，从而交易费用的高低也是迥然相异的。制度于是就极其重要了。诺思说："知识和技术存量规定了人们活动的上限，但它们本身并不能决定在这些限度内人类如何取得成功。政治和经济组织的结构决定着一个经济的实绩及知识和技术存量的增长速率。"① 一直以来，经济增长的因素孰先孰后的问题在技术与制度之间摇摆不定。一般而言，在有关经济增长模式中，制度因素是被排除在外的，即将制度视为已知的、既定的或将其作为"外生变量"，主要是以各种物质要素在生产函数中的变化来说明生产率的变化和经济增长。实际上，制度是经济增长中的决定性因素，通过制度创新或变迁亦能提高生产率，促进经济增长。制度也是由正效应（诱致生产率提高）制度与负效应（抑制生产率提高）制度构成的混合制，负效应制度（制度缺陷）的改良是实现经济增长方式转变的路径之一。一系列负效应制度的变革，又造成了制度结构（经济体制）中的不均衡状态，因此要求制度结构整体上的调整。经济学家库茨涅兹首次将统计学带入了经济学，全面而系统地研究了美国以及其他国家的经济结构，在国民核算体系的基础上，对所分析国家的数据进行历史的追溯，从而识别影响经济增长的因素和经济增长的特征。

库茨涅兹对经济增长的定义明显包含了对制度因素的考虑，"一个国家的经济增长，可以定义为向它的人民供应品种日益增

① ［美］道格拉斯·C. 诺思著：《经济史中的结构与变迁》，上海三联书店，上海人民出版社 1994 年版，第 17 页。

加的经济商品的能力的长期上升，这个增长中的能力，基于改进技术，以及它要求的制度的和意识形态的调整”。他认为技术进步是经济增长的一个潜在的、必要的条件，不是充分条件。技术要得到高效和广泛的运用，就必须作出制度和意识形态的调整，实现人类正确利用知识中先进部分所产生的革新。在库茨涅兹看来，技术进步与制度和意识形态的互动形成的结构变换速度是总的经济增长速率的“革命性的加速度”。科斯于1998年指出：“人类社会的生活取决于商品及服务的流量，而这些流量又取决于经济体系的生产率。亚当·斯密认为经济体系的生产率取决于专业化（他指的是劳动分工），但专业化只有在存在交换的情况下才成为可能——交换的成本越低（如果你愿意可称之为交易费用），专业化程度越高，同时系统的生产率也越高。但交换的成本取决于一国的制度：它的法律体系，它的政治体系，它的社会体系，它的教育体系，它的文化等。就结果而言，决定经济绩效的是制度，而正是这一点使得‘新制度经济学’对经济学家而言显示出其重要性。”①

熊彼特在1912年出版的《经济发展理论》一书中首先提出创新这个概念，他对创新下的定义为：把一种从来没有过的生产要素的新组合引入生产体系。这种新组合包括：①引进一个新的产品；②采用一种新的工艺；③开辟一个新的市场；④获得一种原材料或半成品的新的供应来源；⑤实行一种新的工业组合形式。其实，从熊彼特的创新理论可以看出，这里面既包含技术创新的因素，又包含组织创新（制度创新）的因素。当然，熊彼特当时并没有明确提出创新包含技术创新和制度创新，从熊彼特当时的情况考虑，技术创新可能是熊彼特更为强调的。但熊彼特以后的学者，特别是主流经济学家把熊彼特的思想直接引申到对

① 秦海：《制度范式与制度主义》，《社会学研究》1999年第5期。

技术创新的研究，更加强调技术创新是促进经济增长的主要力量。如1956年索洛在前人的基础上提出了新古典经济增长模型，该模型认为经济增长不仅取决于资本增长率、劳动增长率，而且取决于经济进步；技术进步可以从计算出的增长率中扣除要素投入的增长率后的“余值”中度量。随后，罗默、卢卡斯等经济学家又提出了更加强调技术进步的新经济增长模型。在卢卡斯的模型中，一个国家的经济增长取决于它的知识积累、技术进步和人力资本的水平。但是对于新经济增长模型，人们批评最多的是在强调人力资本与知识和技术作用的同时，却忽视了制度要素。诺思在评价新经济增长模型时指出，“这些模型都取决于一个能驱动模型的暗含的激励结构的存在，如果不将制度中派生出来的激励结构作为这一研究的重要组成部分，这一研究对我来说将是一个无结果的试验”①。诺思从制度安排的演进角度，提出了经济增长由制度“启动”的论断，科斯也把交易成本作为解释和比较不同制度或体制效率的重要因素。诺思强调认为，西方以充分界定私有产权及有效率的经济组织的发展为主要特征的制度安排的社会过程，才是西方近现代科技革命和生产技术突飞猛进的主要缘由。一个社会如果没有实现经济增长，那就是因为该社会没有为经济方面的创新活动造成一种激励效应。诺思不同意将技术创新、规模经济等看作是经济增长的源泉，他认为恰恰相反，以技术创新和规模经济为代表的产业革命的发展正是受以界定产权和有效率的经济组织出现为代表的制度因素的影响所致。另外，老制度学家康芒斯在谈论制度功能时认为，如果说支配人类活动的自我利益是“蒸汽能源”的话，那么引导动力的，便是制度这台发动机。因此，技术创新可以看作是经济发展的充分条

① ［美］道格拉斯·C. 诺思：《制度、制度变迁与经济绩效》，格致出版社，上海三联书店，上海人民出版社1994年版，第179~180页。

件，而制度创新则是经济发展的必要条件，一般来讲，由于制度的“刚性”，制度创新会相对滞后于技术创新，所以，加强对制度创新的重视对我们更有实际意义。

由于资源相对人类的需求而言总是稀缺的，而人类利用资源的途径只有两个，即生产和配置。生产就是通过改变资源的自身性质以提高资源利用效率，为此就需要提高资源的生产效率，而这就是降低资源的生产成本。配置就是改变资源的分布，以提高资源利用效率，为此就需要提高资源的配置效率，而这就是降低资源的配置成本。同时在配置资源的过程中，人与人之间应达成“配置契约”，这当然是人与人之间关系的社会契约。

资源配置问题主要有三个：一是谁（有权）来配置，是单独一人，还是多人共同。在多人中，是不分你我（不排他）的共同拥有，还是分清你我（排他）的共同拥有，这实际上是产权问题。二是怎样配置，是用市场（竞争、价格等），还是用计划、政府（指令、调拨等），这实际上就是经济运行机制问题。三是生产、配置的收益怎样分配，是按什么要素（劳动、资源）来分配，按什么产权分配，是按公有（平均、按需）还是按私人。因此，配置问题就是三个问题，一是产权问题，即谁有权来配置；二是运行机制问题，即怎样来配置；三是分配问题，即怎样分配收益。

人对资源进行配置，看似是安排人与资源的关系，但实质上是安排人与人之间的关系，因为资源是稀缺的，人们在资源配置中必然需要交易、竞争和分配，也就是必然就这些安排发生关系，从而需要人们就这些关系达成“配置契约”或契约。

从西方经济发展的历史来看，英国的专利法相对于法国的政府奖励科技制度具有优越性是因为英国工业化比法国走在前面。有半数的新技术在英国不是靠专利法来保护，而是靠保护私人企业剩余权的普通法来保护。自由企业制度（私人企业自动注册，不需政府批准）可以用私人企业的剩余收益权和剩余控制权对企业主的发明创造及企业家活动间接定价，因此，可以使这种直接定价成本极高的活动卷入专业化和分工，且避免直接定价的高交易费用，因而新技术、新管理方法可以变成大规模商业化生产。从经济学意义来讲，一种产权结构是否有效率，主要看它能否为在它支配下的人们提供外部性较大的内在化的激励。在共有产权下，由于共同体内的每一成员都有权平均分享共同体所拥有的权利，如果对他使用共有权利的监督和谈判成本不为零，那么他在最大化地追求个人价值时，由此所产生的成本就有可能有部分让共同体内的其他成员来承担，并且一个共有权利的所有者也无法排斥其他人来分享他努力的成果，所有成员要达成一个最优行动的谈判成本也可能非常高，因而，共有产权导致了很大的外部性。

（二）制度分析在中国经济发展研究中的成功运用

从制度创新的角度研究经济增长的历史，可以发现这种制度创新能减少交换活动的交易（及生产）成本，从而实现日益复杂的交换活动。很显然，中国传统社会制度发展不足，使得技术进步成果的积累和潜在的巨大市场不能发挥作用。不涉及制度就不可能解释经济增长率上的持续增长，就不能解释为什么中国封建社会长期延续，就不能解释为什么中国的改革开放能够带来中国经济的巨大增长。

在 1979 年之前，中国计划经济的一个特点是：在运转的大部分时间里由政治领导人管理经济，为了政治需要并以运动的方式搞经济（不像东欧和苏联多经济专家、技术专家，以专业的计划管理方式管理经济）。因此，自 1958 年开始到 1979 年，中国经济经历了多次折腾和起落。改革开放以来，中国领导人频频出访发达国家，其结果是发现中国与发达国家的差距如此之大，这种现实的强烈震撼反映到中国领导人的头脑中，就产生了借助西方发达国家的先进“管理”经验（实际上是市场经济制度的内容）和其他社会主义国家的计划“管理”经验，来完善和改造中国计划经济与传统公有产权制度，这则意味着市场化过渡开始起步。

1978 年 12 月召开的中共十一届三中全会可以被认为是导致中国市场经济开始的“政治革命”，是思想解放和政治变革的历史转折，它在中国铲除了经济制度变革的政治及思想障碍。在它的影响下中国直接做了两件大事：农村包产到户和企业承包。

我国农村经济体制改革前后的变化充分证明了制度在经济发展中的作用。我国的经济体制改革开始于农村联产承包制，其改革的出发点，是因为传统的“一大二公”的人民公社缺乏有效的激励机制和个人选择机制，从而导致生产产出和效率低下，广大农民无法在旧的体制中通过自己的努力获得收益，因而挫伤了生产的积极性。家庭联产承包责任制的出现，突破了原有的传统的“一大二公”的制度框架，使农民有了充分选择的机会和达到收益最大化的可能。这样充分调动了农民的积极性，促进了生产产出和效益的迅速提高。但是，我国长期以来农业投入低，农业机械化程度低，家庭承包是适应当时生产力水平的组织形式。随着农村生产力的提高，家庭联产承包制的制度形式已满足不了经济发展的要求。经济发展的新需求，使乡镇工业的发展成为可能。政府的制度安排，如税收政策、贷款政策向乡镇企业倾斜，使乡镇企业蓬勃发展；随着乡镇企业的发展，技术因素在农村生产中的作用越来越明显；而技术因素的增加，又使原有制度安排的相对效率下降，从而使家庭手工业逐步让位于乡镇企业，使乡镇企业成为农村经济发展的主力军，进而开始了农村现代化的进程。这极大地促进了农村经济乃至整个国民经济的发展，促进了社会的全面进步。中国改革为什么不是自城市而是自农村开始?

按照新制度主义的观点，只有当通过制度创新可能获取的潜在收益大于为获取这种收益而支付的成本时，制度创新才可能发生。制度创新是需要成本的，这种成本表现在由于改变既存的利益格局和社会结构而可能引发大规模的社会震荡，由于社会失序导致新利益群体的行为选择突破原有的理性边界而必须制定新的规范和约束并组织实施，同时为清除制度变革阻力以免其对脆弱的制度体系造成冲击而必须提供安置、疏导或暴力控制的设施。显然，中国当时处于“文革”刚刚结束的时期，国家既无力也不愿承担这些成本，于是，制度创新选择了从比较成本最小、突破口最容易的部门入手：国家放松对农村的管制，让农民自发进行发展所必需的体制方面的探索。联产承包责任制与村民自治制度正是这种制度创新的成果。事实上，农村的改革与其说源自预期收益与预期成本的比较，即净收益的正向激励，不如说源自实际收益与实际成本的巨大反差，即负收益的反向激励。国家提高农业公有化程度引起制度费用的连年快速增长大于国家由此获得的收益指数的增长。“收益—成本”倒挂的背后是饥荒和停滞，它的后果是迫使国家在政治失败和政策退却之间作出选择，国家除了采取一切可能的政策手段动员农民增加生产并实行自救，别无他途。

技术进步滞后是我国粗放式经济增长的成因之一。通过技术变迁实现技术进步，是转变我国经济增长方式的直接路径。制度对经济增长的作用，大都是通过促进技术变迁而实现的。技术对经济增长的贡献，受制于制度本身的状况。制度变迁可降低技术变革的成本。市场的扩大引起了专业化与劳动分工，进而引起交易费用的增加，意味着原有制度组织的不适应性，迫使经济组织发生变化（更有效率），从而降低了技术创新的费用。制度变迁决定了发明创造的技术变迁的转化。制度创新，营造了技术传播、更新的环境，当一项发明创造的技术变迁的预期收益大于原有技术的成本与收益时，制度及组织才可能选择技术变迁，使之转化为现实生产力。作为经济增长的主要因素，制度与技术是并重的，它们的变迁决定了我国经济增长方式向集约化的转变。在我国经济转型时期，制度变迁确定性强、推动力大，制度变迁显得甚为必要与优先。而技术变迁受制于制度变迁，其对经济增长的贡献取决于制度本身状况。因此，目前主要应进行广泛存在于我国各个经济领域中抑制生产率提高的各种制度缺陷的改革，理顺计划与市场、中央与地方（条块之间）、政府与企业、企业与职工等的关系，结合技术进步的力量，提高要素生产率，使我国经济增长走上全要素生产率提高的集约化道路。

中国市场经济的特点是在中国特殊国情的基础上，通过一种特殊的过渡方式而产生的。这种迂回过渡是指在保持基本经济政治制度不变的前提下，尽量回避或减少对于存量利益的改变，注重和较多地发展增量利益，最终通过增量利益的成长，来间接地调整存量利益或降低其相对比重。

从中国制度与组织变迁的初始条件与过程来看，我们的改革与变迁一直比较注重依托现有经济、社会组织进行边际制度创新。同许多其他经济转型的国家或地区的变迁与改革不同，中国的组织变迁不是简单地采取开放市场，通过社会经济组织自由竞争来催生市场体系发育；更不是抛弃既有组织结构，另起炉灶，用全新组织来推动变迁和拉动改革。中国改革是充分利用了原有计划体制中既存的经济、政治和社会组织，依托长期积累起来的组织和制度资源，通过有序的边际组织创新的方式来稳步推动组织和制度的变迁与创新。回顾多年来中国改革与变迁的历史过程，我们可以清楚地看到，许多新生的经济组织几乎都是直接或间接依托原有国有经济与乡村集体经济转型、延伸成长起来的，不少乡镇、村级政府基层组织以及城市的管理领导往往是组织转型的双重领导者。依托既有的经济组织推进改革，能够最大限度减少改革的摩擦阻力，降低制度创新的风险，低成本地利用传统组织和制度资源。在中国这样一个市场经济基础薄弱，社会法制与信用关系较淡漠，个体的承受力较低，民间组织发育严重不足的国家，只有依托业已形成并占据绝对控制地位的各级政府组织、国有与集体经济单位，才能避免大的被动震荡，稳定推动改革深入。

如果所要变革的制度或所要创新的制度是属于整个制度安排中的保护带，也就是说新旧制度不具有意识形态层面上的矛盾，那么处于硬核位置上的意识形态就可以为这些制度变革或制度创新提供合理性依据。此时，依据意识形态走出理据困境的出路有两条：一是制度变革或创新是意识形态的更完美、更确切的表达；二是制度变革或创新丰富和发展了意识形态。无论是哪一种途径，借助于人们对意识形态的信念、对意识形态的总体承诺，为什么要进行制度变革和创新的理据困境中的合理性问题就可迎刃而解了。当然，这种意识形态上的诉求，并不排除其他价值理性或工具理性的诉求。事实上，借助于意识形态，新制度在整个社会中被接受的范围、程度和速度都将大大加快，这在很大程度上减少了制度变迁与创新的阻力，从而顺利实现旧的制度安排向新的制度安排的平稳过渡。

四、教育改革与创新的制度分析的必要性

（一）教育制度及其创新的基本含义

对教育制度含义的理解，不同的学者有不同的观点。有的学者认为教育制度是“人们在教育中所遵循的游戏规则或各种教

育行为的约束条件”[①]；也有学者认为教育制度是各种教育机构和教育规范的总和，它是社会制度中的一类，二者具有一定的相通性。因此，教育制度也可以看成是人们从事教育活动的行为规范与准则。我们则较赞同教育制度是“一个国家各种教育机构的体系，包括学校制度（学制）和管理学校的教育行政机构体系”，它通常分为三个层次：一是教育根本制度，主要指国家教育方针；二是教育基本制度，包括教育体制、学制和各种教育政策、法律与法规等；三是教育具体制度，指各种具体的教育行为规范、办事程序和运作机制，如教学管理制度、考试制度、评价制度等。由于对教育制度的理解不同，对教育制度创新的理解就会相应地发生变化。有观点认为教育制度的特殊性内在地规定了制度创新的基本指向和根本目的，即主要应从“人”的角度而不是从“物”的角度来理解教育制度创新。因此，创新教育制度，最核心的就是要通过教育和制度的作用，呵护人类弥足珍贵的创新本能，并促进其健康成长。[②] 李江源认为，教育制度创新是指“创造出教育交往活动的新的一般规则框架，以维系教育发展过程中的有序性，并为社会成员形成合理的教育价值观念体系提供坚实基础”[③]。笔者则认为，所谓教育制度创新，就是冲破陈旧体制的束缚，在体制上实现破旧立新，优化教育资源的配置，提供给每个公民公正的教育机会。

（二）教育制度创新与教育发展的关系

教育创新首要的是教育理论创新，但关键是教育制度创新，

---

① 康永久著：《教育制度的生成与变革——新制度教育学论纲》，教育科学出版社2003年版，第100页。

② 张彦玲、叶文梓：《论教育制度创新》，《教育发展研究》2001年第5期。

③ 李江源：《论教育制度创新》，《河北师范大学学报》（教育科学版）2002年第3期。

即教育体系与教育体制创新。[①] 由此可见，教育发展与教育制度创新关系密切。

首先，教育发展与创新离不开必要的教育制度创新。因为要加快教育发展，必须在一定的教育制度创新和政策环境下才能形成。教育制度创新所形成的制度环境，主要体现在通过教育制度创新、政策创新，调动教育工作者的积极性和创造性，激发教育创新活力，培育更多、更好的人才，从而促进社会生产力更快、更好地发展。政府主要通过教育制度创新、政策创新及服务创新，为教育发展与创新提供良好的内外部环境，以向公众提供更优质的教育服务。

教育制度创新对教育发展与创新的影响，表现在教育制度创新通过影响教育系统要素，从而影响教育的质量，最终影响生产力的发展。正是教育制度创新与教育发展、生产力方式之间存在着有机的内在联系，在不同的教育制度、体制和政策条件下，教育增长机制构造条件不同，教育促进经济发展的运行效率不同，因而直接决定了生产效率的高低，影响了生产力发展水平及教育发展与创新的质量。一国或地区的教育迅速发展，不仅是由于生产的高度专业化分工与合作，以及市场需求对教育发展与创新的巨大推动作用，而且还取决于教育制度创新所形成的良好环境与人才、制度保障作用。事实上，教育发展与创新的主体，如大学、教育行政部门等，往往期待以改革开放为契机，以教育制度创新为主导，形成一种政策调控、间接干预和优质服务体系，为它们提供一个“公平、公正、公开”的发展空间，以解决诸如办学自主权、教育中介服务、产学研合作、信息支持之类的问题。这一现象在社会转型国家中表现得尤为突出。从全球范围看，不

① 靳希斌：《教育产权与教育体制创新——从制度经济学角度分析教育体制改革问题》，《广东社会科学》2002 年第 2 期。

仅在一些发展中国家、新兴工业化国家，而且在一些发达国家，政府也改变长期以来所实施的不干预政策，对教育部门的教育创新给予积极的制度变革支持和政策性干预，通过教育制度创新和政策创新，增加教育投入，大力发展民办教育，加强对教育创新和民办教育发展的宏观调控力度。我国正处在社会转型期，同样亟待通过教育制度创新和政策创新提供教育体制及其服务网络之间的协调和政策支持，以解决教育创新所面临的人才、资金、信息等一系列问题。

其次，教育发展也为新制度的创生提供了实践动力和源泉。任何好的教育制度都是建立在成功的教育改革实践基础之上的，教育实践发展的新需要迫切要求新的制度来保障。

中国目前的教育体制虽然经过了二十多年的改革，但其基本框架仍然存在着严重的计划经济体制的制度痕迹，具体表现为教育市场的行政分割、学校独立法人地位的缺失和办学自主权的缺损、公办与民办学校之间割裂的制度环境、政府在教育活动微观层面的过度介入等，以至于至今未能形成建立在学校自主办学基础上的健康的宏观教育运行机制，在推进教育公平、提高教育效率、改善教育自由方面仍然存在一些严重的体制性障碍。“人类社会不断创建导致较高教育效率水平的教育制度来替代较低教育效率水平的教育制度，这就是教育制度的创新。要促进我国教育的发展，就必须在教育制度创新上下工夫。”①

（三）教育的制度分析的理论意义与实践价值

教育的制度分析拓展了教育理论的研究方法，提高了教育理论的科学化程度。教育的制度分析使人们更清楚地认识到过去教育改革成功或失败的深层次原因，更理性地认识现实教育改革中

① 李江源：《教育发展与教育制度创新略论》，《教育导刊》2003 年 2 ~ 3 月号。

的各种矛盾冲突的根源和对改革收益的合理分析，更科学地预测影响未来教育改革和发展的制度因素。

第三章 教育发展与制度选择

一、经济社会发展与教育发展的内涵

研究教育发展与制度选择首先必须界定发展的含义，同时也要界定经济社会发展的含义，因为教育发展是经济社会发展的组成部分。

（一）发展与经济社会发展

人人都希望发展，每个国家都在为发展而奋斗。但什么是发展？对此，存在着众说纷纭的解释。从严格的经济学意义上说，发展一直是意味着一个原来或多或少长期处于停滞状态的国民经济，具有能够产生和支持每年5%～7%的国民生产总值增长率的能力。另外一种常用的发展指标是人均GNP的增长，这意味着发展是指快于人口增长率的产量增长。在广义上，人均实际GNP（水平或增长率）被用来衡量一国人民的经济福利水平。

托达罗在其《第三世界的经济发展》一书中，将发展定义为"一个社会或社会体系向着更加美好和更为人道的生活的持续前进"。首先，人类有一些共同的基本需要，是维持生存所必需的。这些需要包括食物、住房、健康和保护。这些基本需要不能得到满足的情况可以称为"绝对不发达"。全部经济活动的基本功能无非是向尽可能多的人提供满足这些基本需要的手段。其次，美好生活第二个公认的基本元素是自尊——一种觉得自己有价值、有尊严的感觉，一种觉得自己不仅仅是他人实现其目的的工具的感觉。所有的民族、所有的社会都在寻求某种基本形式的自尊。这种自尊的性质和形式可能因时因地有所不同，但一旦社会流行的观念将物质福利当作美好生活的一个不可或缺的因素，物质上欠发达的人们要想感到有尊严就变得困难了。发展因此是一个重要的甚至必不可少的获得尊严的途径。再次，发展的含义中还应包括自由的概念。这里的自由并不是政治意义或意识形态意义上的，而是一种更基本意义上的自由，是指摆脱异化的物质生活条件的束缚，摆脱自然界、愚昧、他人、苦难、风俗习惯和教条主义的奴役。刘易斯曾强调指出："经济增长的好处不在于财富增进幸福，而在于财富扩大了人类选择的范围。"财富能使人获得他在贫困中所不具有的对自然环境的更大控制能力。财富也可以使人们获得更多的闲暇，拥有更多的产品和劳务。概括起来说，发展是改进人民生活质量的过程，其基本目标是满足基本需要、提高人类尊严、扩大选择自由。

"经济发展"在最初含义上作为与"经济增长"的同义语使用。经济增长是一国潜在生产能力在技术进步、观念更新和制度演化基础上的持续增加，是一种长期的经济现象。有效率的制度安排是经济增长的关键。深化经济体制改革，消除"路径依赖"，选择有效率的制度安排，对促进国民经济持续增长，提高人民的物质文化生活水平及生活质量，促进社会全面进步有十分重要的作用。

经济发展有四层基本含义：①经济总量增长；②经济结构演进；③经济制度变迁；④经济福利改善。经济发展是这样一种历史过程，即追求自身利益最大化的人们，通过不断的技术经济组织和社会经济制度创新，使其经济总福利在经济总规模持续扩张的过程中得以逐渐改善。经济发展的主体是经济人或经济人组织，经济发展的根本动因和过程是技术和制度创新，经济发展的结果和量度是总量增长，其最终目标或出发点是人们福利状况的改善。经济发展的实质是人的发展。经济发展是随着经济增长而发生的社会经济多方面的变化。衡量经济发展的标准包括：①投入结构的变化，即生产要素的投入比例的变化；②产出的变化，即产业结构的变化；③一般生活水平和根本状况的变化，如人均GDP、人均营养条件的改善、人均居住条件的提高、收入分配的日益公正合理等；④卫生健康状况的变化，如人均寿命延长、婴幼儿的死亡率下降；⑤文化教育状况的变化，如成年人的识字率、适龄儿童的入学率、教育基础设施的完善状况等；⑥自然环境与生态的变化，如环境污染、人与自然动物是否合谐相处等。经济发展既有经济增长的量变，更有社会其他方面质的改善和提高。

我国学者王怀超认为，社会发展包括经济发展、政治发展、文化发展和生活发展。“所谓社会发展是指包括社会经济、政治、文化、生活等各领域在内的全面发展。其中经济发展包括GDP和国民收入的增长，各种产品质量的提高，贸易和财富的扩大，经济制度的调整创新，经济结构的优化升级等；政治发展包括政治制度的改进，民主程度的提高和民众参与范围的扩大，政府机构工作效率和廉洁水平的提高，法制的健全等；文化发展包括教育、科技进步，文艺、体育繁荣，人民的思想道德文化水平提高，社会精神文明建设加强等；生活发展包括社会医疗卫生、健康福利事业的发展，生活方式的丰富多彩，以及生态环境改善，人均寿命延长，人民的生活水平和生活质量普遍提高等。”[①] 我国政府将社会发展看作是结果和目标，如1995年3月我国政府发布的社会发展报告指出，“经济发展和社会发展相互

① 转引自丁元竹：《经济社会协调发展若干问题研究》，中国社会学网。

依存、相互促进。经济发展是社会发展的前提和基础，社会发展是经济发展的结果和目的”。“最大限度地发挥每个人的积极性、主动性和创造性，努力提高人民的物质和文化生活水平，实现社会的不断进步，是经济发展乃至国家一切活动的根本目的。”报告将社会发展的内容概括为重视教育、科技、文化等事业，逐步缩小贫富差距，推进政治民主，促进社会全面进步。其中提到我国针对社会发展所采取的基本政策包括人口控制、缩减贫困、教育发展、环境保护、卫生保健、劳动就业、社会保障、住房建设、弱势群体（妇女、未成年人、老年人、残疾人等群体）权益保护和民族团结。而联合国早在 1959 年就已认识到经济发展与社会发展均衡的问题，这种意见后来日渐发展成为一种主流发展概念，那就是确认经济发展应该优先，并将经济发展视为解决发展中国家面临的各种社会问题（如贫困、恶劣的劳动条件，受教育水平低等）的手段，把铲除阻碍经济发展的社会障碍称为社会发展。社会发展对经济发展的作用是如此重要：许多经济变革都是通过社会结构构成要素的变化才得以发挥作用的。

（二）教育发展

教育发展既有量的指标，又有质的内涵，是一个系统概念。从通常的理解上来讲，教育发展一般是指教育普及程度的提高、受教育机会的增加、受教育者文化水平的提高、教育资源配置的变化、教育投资效率的提高、教育结构的优化升级、教育设备的改善、学校师资队伍建设的加强、开展国际教育合作和交流的扩大以及教育决策民主化的推进等变化过程。

教育发展包含了人类文明进步的伟大目标。在认识、利用和保护自然与社会的实践中，人类不仅获取了生活必需品和自由，而且体现了人类自身的存在价值、尊严、社会责任感和使命感，实践成为人类的基本需要。然而，实践的深入总是离不开经验的积累和传递，离不开人类自身的发展，也离不开教育。而教育的发展问题总是意味着人类自身的发展向深度和广度进军，意味着人类实践能力的进一步增强，意味着人类自由的更多获得，意味着人类的存在价值、尊严、社会责任感和使命感更充分的体现。这正是人类文明所追求的崇高目标。另一方面，人类基本需要的发展与满足，不仅与促进人的发展的教育有关，而且还同经济、科技、文化等方面的发展相联系。就教育发展对经济、科技、文化发展作用而言，教育发展表现为手段，经济、科技、文化的发展表现为目的；而就经济、科技、文化对教育发展的作用而言，教育发展表现为目的，经济、科技、文化的发展表现为手段。教育发展与经济、科技、文化等方面发展之间的这种互为目的和互为手段的关系，决定了教育与经济、科技、文化等方面协调发展的重要性。

虽然教育发展包含着人类文明进步的崇高目标，但从现实性上讲，一国的教育发展必须体现平等和效率的改善。在平等与效率的价值取向的选择上，一种取向是效率优先兼顾平等，另一取向是平等优先兼顾效率。教育发展的价值取向从根本上讲是由该国的政治、经济体制决定的，并极大地影响着教育发展战略的选择。

市场经济体制通常能促使教育发展的价值取向集中指向效率，而计划经济体制通常可以使教育发展的价值取向集中指向平等。在市场经济体制下，社会资源的配置主要通过市场自发调控来完成，市场力量推动社会资源流向效率高的企业。在市场力量推动下，教育资源也必然流向那些能给受教育者带来较高经济回报的学校和专业，从而促使教育发展向效率目标倾斜。在计划经济体制下，社会资源的配置主要通过计划来实现。计划极大地消除了教育资源市场配置的自发性，赋予了教育资源配置以自觉性。在计划的强力干涉下（这种指导往往带有一种强制性），通过对受教育机会的计划分配，可以调节人与人之间的利益关系，使教育发展向平等目标倾斜。这两种价值取向并不矛盾，西方发达的市场经济国家通过制度安排坚持教育平等的价值取向，加快教育发展，使教育迈向大众化、民主化；而我国在社会主义市场经济体制下，改进教育资源的配置，可以培育教育市场，拓宽教育经费筹措渠道，鼓励学校之间开展合法、有序的竞争，消除无效率，加快教育发展。

教育发展以满足各种不同的社会需要为目的。各种不同的教育发展目标，是通过各种不同的衡量指标来反映的。下面是衡量教育发展的几个最主要的统计指标：

1. 各级各类学校在校生人数

这是衡量一国教育的规模和增长速度的一种指标。这一指标可以说明一国教育的综合实力。各级各类学校在校生人数增加，说明教育规模扩大；反之则说明教育规模缩小。

2. 在校生人数分别占各级各类学校适龄人数的百分比

我们通常把在校生人数分别占各级各类学校适龄人数的百分比作为衡量教育发展的指标。这个指标考虑到了人口规模及其变动，并且可以为考察学校人才培养效率和教育发展目标提供有关资料，可以更好地反映教育发展的状况。

3. 各级各类学校入学率

各级各类学校入学率是指一国一年各级各类学校入学学生人数与各级各类学校入学起始学龄人数之比。它与在校学生人数分别占各级各类学校适龄人数的百分比有所不同，前者反映的是一年教育规模的变动情况，后者反映的是各个教育阶段总体教育规模的变动情况。由于各适龄阶段中各年龄层次的人数不尽相同，即使在各级各类学校入学人数不变的情况下，各级各类学校入学率也会发生变化。与在校生人数分别占各级各类学校适龄人数的百分比这一指标相比，各级各类学校入学率能更灵敏地反映教育的变动趋势和增长速度。

4. 教育经费总额

教育经费总额是指一国在一定时期各级各类学校筹措到的办学资金的总和。它是衡量一个国家教育投资规模和增长速度的主要指标。高等教育经费总额还包括各级各类高等学校当年筹措到的科学研究经费。

5. 教育经费占国内生产总值的百分比

教育经费虽然是衡量一国教育投资规模和增长速度的主要指标，但没有考虑到一国的经济规模及变动。当我们为满足人们的文化生活需要和适应经济发展要求而关心教育发展时，通常要用教育经费占国内生产总值的百分比来说明教育发展状况。这一指标还可以提供有关分析教育发展与经济、社会是否协调的信息。

6. 各级各类学校学生平均经费

这是把教育投资规模与教育规模结合在一起，来衡量教育发展状况的一种指标。与教育经费总额不同的是，各级各类学校学生平均经费考虑到了在校学生人数，因而能更好反映教育投资的状况。这一指标还可以提供有关各级各类学校办学条件和教育经费使用效率的信息。

7. 非义务教育阶段学生平均个人负担经费分别占各自学生平均经费的百分比

在市场经济条件下，非义务教育通常不是由国家承担全部费用，上学者必须缴纳一定的学费，这在很大程度上把受教育机会（尤其是受高等教育机会）同求学者的家庭经济状况联系起来。在学生人均经费一定的条件下，该阶段学生平均个人负担经费分别占各自学生平均经费的百分比越大，受非义务教育机会的分配就越向富裕阶层的子女倾斜，贫困阶层的子女受非义务教育的机会就越少，从而意味着受非义务教育机会的分配就越趋向不平等；反之，学生平均个人负担经费分别占各自学生平均经费的百分比越小，受非义务教育机会的分配就越趋向平等。

二、影响教育发展基本因素分析

教育要发展，除了必须要有充足的经费予以支持外，还要求社会各方特别是政府高度重视教育的发展。而政府是否愿意增加教育投入，一方面取决于国家的经济发展水平，另一方面也取决于政府对教育在促进个体与社会发展进程中的作用的理解与认识。政府的教育投资行为是指政府在一定行为动机的驱动下，为达到既定目标而对教育投资活动作出的行为反应。从传统观点来看，一般认为影响教育发展的因素有以下几个：

（一）政治经济体制

世界各国政治经济体制是影响教育发展最为明显的因素，一般来说，政治经济体制决定了教育的发展模式和投资体制。美国分权式的政治经济体制直接反映到教育投资与管理体制之中，同样英国的集权与分权结合的政治经济体制也在教育投资体制中得到了验证。诺思曾说，一切资源配置的博弈都要在政治规则确定之后。马克思、恩格斯指出："统治阶级的思想在每一时代都是占统治地位的思想。这就是说，一个阶级是社会上占统治地位的物质力量，同时也是社会上占统治地位的精神力量。支配着物质生产资料的阶级，同时也支配着精神生产的资料。因此，那些没有精神生产资料的人的思想，一般是受统治阶级支配的。"① 教育同样受占有物质生产资料的统治阶级所支配，要受他们的思想所支配，受他们的经济力量所支配。由于政治是经济的集中表现，它在上层建筑中处于主导地位，因而经济对教育的决定作用，一般通过政治对教育的制约作用而集中表现出来。政治对教

① 《马克思恩格斯选集（第一卷）》，人民出版社 1972 年版，第 52 页。

育发展的制约表现在：国家政权掌握教育的领导权；规定谁受教育，受什么样的教育，规定教育方针、教育目的、培养目标、教育制度、教育内容；制定教育发展的规划；决定对教师的培养和使用等。可见，教育的性质和命运在很大程度上取决于政治、经济制度。当然，今天人们已逐渐认同这样一种价值观，国家有责任为每个公民提供相应的教育。因为教育是人类解放的工具，是人的一种权利。

（二）社会经济发展水平

经济实力是教育发展的重要基础。一个国家在一定时期内对教育投资的多少，不仅取决于需要，在更大程度上还取决于这个国家所能承受的可能。投入教育领域的资源的多寡取决于物质资料生产和经济发展水平的高低。教育投入最终来源于国民收入，而物质资料生产的发展水平决定着国民收入水平，尤其是人均国民收入水平。物质资料的生产发展水平越高，国民收入总量、人均国民收入量越大，可能用于教育的资源就越多；反之则越少。教育在物质资料生产和国民经济发展中具有越来越大的作用，教育投入过少，在国民收入和财政支出中的比重过小，会因教育培养劳动力和专门人才数量不足、质量不高，制约物质资料生产和国民经济的进一步发展。教育属于非物质生产部门，若教育占用资源过多，在国民收入和财政支出中的比重过大，超越了国力的可能，同样也会制约物质资料生产和国民经济发展。为了经济的良性发展，需要大力发展教育事业，增加教育投资，提高教育投资在国民收入和财政支出中的比重。

（三）社会人口因素

由于教育服务的对象和成果是人，教育领域的投入是用于培养和提高劳动力的投资，因而教育发展需要投入的资源首先取决于人口数量与质量水平。人口的数量和增长速度影响着受教育者的数量和增长速度。人口的年龄构成和文化程度构成，决定着适龄学校教育人口和劳动年龄人口构成，从而也影响着教育投入的绝对数量，最终影响教育发展的水平。一般来说，一国人口年龄构成比较年轻，青少年在人口中比重大，则适龄教育人口多；一国人口文化程度低，尤其是就业年龄人口文化程度构成低，则劳动年龄人口中，文化普及和提高的任务较重。人口的分布和密度影响着教育单位的规模，影响着受教育者人均占有的教育资源。

（四）科学技术发展需求

科学技术是影响教育发展的另一重要因素。教育是科学技术发展的重要基础，科学技术的生产和再生产仰赖教育的发展，仰赖教育的普及和提高。科学技术发展对教育发展的影响主要表现在：第一，科学技术的发展水平影响着教育程度的结构（各级学校的结构），从而影响着教育投资的需要量。一般地说，科学技术发展水平越高，对从事科学技术生产的劳动者（科学家、工程技术人员等）的智力水平要求就越高、数量要求也越多，对从事科学技术再生产的劳动者的智力水平要求也越高，这就使得教育程度结构中高等和中等专业教育的比重提高。第二，科学技术发展水平影响着教学内容、教学方法和教学物质技术条件。在科学技术迅速发展的今天，新的学科不断出现，原有学科知识不断更新，学科间的互相渗透不断加深，教学物质技术条件尤其是教学手段不断更新和现代化。在技术水平一定的条件下，社会经济发展规模、速度决定着劳动力的数量和增长速度，即使受教育者人数在一定时期内保持不变，教育投入也将会随教育要培养的劳动力的数量增多而增长。随着科学技术在生产和经济中的广泛应用，社会经济的技术水平不断提高，对劳动者的文化水平、技术水平要求也不断提高；劳动者中科学技术人员和管理人员的比重不断提高，从而教育程度结构中高一级教育的比重也越高，必然要求教育顺应这种人才的要求而发展。在社会经济发展过程中，新的科学技术革命导致经济结构、产业结构、技术结构的改变和更新，社会分工和专业化协作日益发展，科技和管理日益重要和社会化。这必然使教育的专业结构改变，使教育专业结构日益复杂，教育将随着教育专业结构复杂程度的提高而不断发展。

三、制度是教育发展的内生要素

除了上述影响教育发展的因素之外，是否还有一些因素影响着教育的发展呢？本章有一个核心观点：制度在教育发展进程中的作用被忽视了。首先，制度在这里应被理解为一个国家的政治规则和法律制度，它将决定教育发展的最终水平；其次，制度可以在某种程度上超越经济发展的水平，使教育得到超前的发展，从而为社会的繁荣与进步打下良好的智力与社会基础，不同制度选择将深刻地影响教育的发展；再次，人力资本投资可以提高人的经济价值，但人力资本在寻求其自身的参与权时要求表明制度的状况，这说明制度最终影响着人力资本的投资效率和效果。

（一）制度在教育发展中的作用和地位的历史考察

19 世纪早期，欧洲各国国民教育体系的形成标志着西方资本主义国家现代学校教育的开始。随着学校体制的建立，教育开始受到普遍的、全国性的关注，这种关注逐渐涉及社会的每一个人。教育被认为是正规的、系统的学校教育的同义词，而学校教育本身也成了国家的一个基本特征。它标志着大众教育时代的到来和扫盲事业的发展，同时也成为政府主导办学的源头——这一体制在 20 世纪各个现代国家的教育发展中取得主导地位。经典的公立教育体系——接受国家资助管理，管理体系分工明确——

最早出现在欧洲大陆，尤其是在德国、法国、荷兰和瑞士，这些国家到1830年都已基本建立公立教育体系，虽然其中法国初等教育的普及直到50年后才实现。美国北部各州在1830年到“内战”期间，也按照自身国家的特点建立起公立教育体系。而英国直到20世纪初才建立起一个完整的一体化的公立教育体系。高入学率、高教学水平和高扫盲程度与公立教育体系的发展密切相关，因为在此之前，旧的私立和捐助学校体系没有国家的帮助是绝不可能普及教育的。在普鲁士，1763年腓特烈二世颁布强制上学的法律，标志着普鲁士在确立国民教育体系的道路上迈出了重要的一步；到19世纪30年代为止，已经形成了一个完整的公立中小学教育体系，为14岁以下的所有儿童提供免费的义务教育，14岁之后则提供精英式的教育。法国到19世纪早期公立学校已经占支配地位，美国到1850年公共资金占全部教育支出的47%，剩余部分的来源包括捐赠、学费以及其他的一些来自家长的赞助；到1870年为止2/3的教育支出都是来自公共资金。英国到1891年小学开始全部免费，1902年高度统一的教育管理体系得到巩固。学者们发现如对入学率、受教育机会和扫盲率进行比较，其结果和各国国民教育体系确立的进展正好吻合。那些较早建立起由政府提供资金的教育体系的国家，如普鲁士、瑞士和荷兰，有较高的入学率和扫盲率；早早地建立了公立教育体系（虽然是地方分权的）的美国北部各州也是如此。可见与教育发展（如受教育水平）非常相关的组织因素，未必就是集权式教育管理，而很有可能是一个接受政府资金和监督的公立体系。无论是中央集权的，还是地方分权的，像英格兰和威尔士这样的国家，没有公立教育体系，不受地方或中央的控制，显然会对教育产生很大的消极影响。①

① ［英］安迪·格林，王春华等译：《教育与国家形成：英、法、美教育体系起源之比较》，教育科学出版社2004年版，第33～34页。

现代教育的第一次大发展在16世纪。当时人文主义思潮和世俗语言的传播，尤其是活字印刷术的发明，极大地刺激了教育的发展。当然，刺激教育发展的最有力的因素，还是新教改革运动的开展、世界对新教的认可及对教育改变群众信仰的工具价值的承认。19世纪教育的巨大进步正是这一动力的产物。显然，宗教是促进学校教育最初发展的基本因素，但宗教并不能作为国民教育体系兴起的原因。国民教育体系的特点是“普及性”，而且是以世俗国家和市民社会的需要为宗旨的。另一个被大多数人接受的隐含假设是：教育发展是工业发展的产物，它源于技术发展的需要，并通过提供这些技术而促进了经济的发展。如班托克所说：“大众教育是工业化的副产品，在教育发展过程中，一个基本因素，无疑是工业化的到来，以及对能读会算的工人的需求——只有这样，工人才能读懂机器操作的指导，才能开展工作。”[①] 但历史似乎并不支持上述观点。相反，经济历史学家认为19世纪教育的新发展并没有在经济的发展中起到一个主要作用，也没有证据表明当时教育的变化直接源于工业化对技术人才的要求。比如霍布斯鲍姆认为工业革命的产生并不需要太多的智力基础。技术的发明特别少，而且无不是靠那些聪明的工匠在车间里做实验获得的，或者是出自那些木匠、磨房工人和铁匠的创造。纺车、骡子，甚至是技术含量最高的机器——瓦特的蒸汽机(1784年)，其所需的物理知识是早就有的。[②] 能满足工业革命早期对技术要求的，实际上是传统机构所造就的技术人才。工业革命首先发生在那些人们具备足够的识字水平的国家，而这种通过教育获得的识字能力是有历史基础的，更多地要归结于宗教而

---

① 转引自［英］安迪·格林，王春华等译：《教育与国家形成：英、法、美教育体系起源之比较》，教育科学出版社2004年版，第49页。

② 转引自［英］安迪·格林，王春华等译《教育与国家形成：英、法、美教育体系起源之比较》，教育科学出版社2004年版，第50页。

不是经济因素。早在工业革命之前，欧洲的识字水平就已经有所提高了。因此，与其说它是工业化还不如说它本身就是促进工业化的一个前提因素。一直到工业革命的第二个阶段，通过教育来提供新技术人才才成为必需。技术进步的结果，成为了对合格的劳动力、设备以及科研等投入的产出。这是对基础教育的判断，那么大学与工业革命的爆发有多大的关联呢？有学者认为，“在不列颠的工业发展中，大学几乎没有起到任何作用，事实上，任何形式的正规教育对于其工业的成功所起作用都是微不足道的”①。格林认为，在早期的欧洲大陆，教育和经济之间存在着明显的脱节。英国一直到工业革命开始快速发展之后的100年才建立起国民教育体系，而欧洲大陆各国的教育体系却是在工业加速发展之前就建立了。截至19世纪30年代，普、法等大陆国家已经建成了各自的国民教育体系，但其工业的腾飞还没有开始。如法国的经济腾飞开始于1840年，德国始于1850—1875年之间。因此，欧洲大陆初等学校科学教育的相对发展不能以纯粹的经济因素来解释。如果经济对技术的要求是促进教育发展的主要原因的话，那么法国和普鲁士的教育就必然要落后于英国，而事实并非如此。欧洲国民教育体系的建立和工业化进程几乎没有什么关系。大陆国家的国民体系建立于经济腾飞之前，英国则建立于工业革命之后，而美国正好处于两者之间。

日本的明治维新也是一个佐证。始于1868年的明治维新使日本由封建社会进入了资本主义社会，这场变革首先应当说是一次制度维新。为实现“富国强兵”的总目标，明治政府在政治、经济、社会、文化教育等各个领域进行了一系列资产阶级性质的改革。在教育领域，日本于1872年颁布了日本近代第一部教育

① ［英］安迪·格林，王春华等译：《教育与国家形成：英、法、美教育体系起源之比较》，教育科学出版社2004年版，第52页。

法律《学制》，拉开了日本公共教育制度发展的序幕。为了对民众进行彻底的皇国思想教育，使其养成国家观念，并使天皇权威绝对化，新政府在全国范围内发起了文明开化运动。明治政府的主要领导人都积极主张把教育改革的重点放在国民教育方面，以启迪民智，提高国民的知识水平。当时政府的首脑人物木户孝允认为，“国家富强的基础在于人民的富强，当平民百姓尚未脱离无识贫弱之境地时，王政维新的美名终究也只能是徒有其名而已，对抗世界富强各国之目的也必然难以达到。因此，使平民百姓的知识进步，吸取文明各国之规则，逐步振兴全国学校，广泛普及教育，则是今日的一大紧急任务”。虽然在随后的二十多年里，由于各种原因，教育的发展起起落落，但始终朝着国家主义教育体制的方向发展。到19世纪末期，儿童的就学率迅速上升。1895年的学龄儿童入学率为61%，到了1912年就达到了98.23%。[①] 1900年，日本政府颁布了新的《小学校令》，开始实施4年的免费义务教育，1907年再次延长义务教育年限至6年。至此，日本完成了近代公共教育制度的建构。可以认为日本近代公共教育制度的确立与完善是与日本整体的政治、经济、社会改革同步进行的[②]，并且在经济力量还很薄弱时，就开始建构面向全体国民的公共教育制度，这也说明如果民间没有足够的传统和财力发展教育的话，就需借助政府的力量才能迅速发展，这实质上是一种制度选择与排序的问题。

若我们回顾一下清朝中叶的洋务运动，更可以发现一些有趣事实。与日本明治维新差不多同时启动的清朝洋务运动走的是一条纯技术的路线，冀望通过引进西方先进的工业和军事技术从而

---

① ［日］土屋忠雄等著：《概说近代教育史》，川岛书店1971年版，第82页，转引自梁忠义著：《日本教育》，吉林教育出版社2000年版，第247页。

② 参见梁忠义著：《日本教育》，吉林教育出版社2000年版，第189～247页。

摆脱弱国的不幸命运。在随后的几十年里，清政府的决心不可谓不大，投入不可谓不巨，但中日两国在1894年的战争结局给两个国家的革新带来了不同的结果——日本由此步入了近代发达国家之列，而清朝则从此一蹶不振。或许是因为屈辱的失败才使清朝政府回过头来反思这几十年的变革路径，发现不是技不如人而是制度劣势造成了惨败。1902年，清政府实行新政，改革教育。1904年，《奏定学堂章程》中规定了近代教育的完整体系，从此新式学校大规模建立。1905年，有着1 300余年历史的科举制度被废除。中国似乎才认识到现代教育制度对开启民智、建设强大国家的重要性。

那么主张教育扩展的人们或政府是出于什么动机呢？教育在没有足够的经济利益刺激（不管是国家还是个人）吸引下是如何迅速发展的？答案似乎主要还是出于政治和社会秩序，以及对国民道德价值观的培养。这是不是意味着可以将教育发展归因为制度的推动呢？因为一个我们非常看重的因素即经济发展对教育的推动并不明显。由此，我们可以得出一些简单的推论：第一，没有一个国家的教育发展仅仅靠经济和技术因素而获得；第二，即使有些国家的经济发展确实对教育改革提出了要求，学校一般也不能及时作出反应；第三，各国早期教育的发展对经济的回应存在显著差异，几乎和工业化进程没有密切联系。理查德·约翰逊（Richard Johnson）指出："试图以对劳动技能（或者识字和技术原理）的需要这一概念把教育同工业革命联系起来，得到的结果到目前为止都是负面的。"①

① 转引自［英］安迪·格林，王春华等译：《教育与国家形成：英、法、美教育体系起源之比较》，教育科学出版社2004年版，第57页。

（二）制度与人力资本形成和提高

人力资本作为一种理论形成于20世纪上半叶。它是现代西方经济理论的一个重要流派，是西方教育经济学的理论根基。1935年，美国哈佛大学教授沃尔什的论文《人力的资本观》最先提出了人力资本的概念，并用数量方式研究了大学阶段教育经济收入的问题。美国芝加哥大学教授舒尔茨于1960年发表《由教育形成的资本》一文。同年，西奥多·舒尔茨以美国经济学会会长的身份，在经济学年会上发表了题为《人力资本投资》的主题演说，指出了人力资本投资对经济增长的重要作用，并系统地阐述了人力资本理论的观点，认为人的素质的改善是促进一国经济增长的主要原因。其观点在解答美国经济增长的困惑方面令人耳目一新，从而引发了全世界范围对人力资本的研究。之后，他又相继撰写了一系列论著，并于1979年以对人力资本理论研究的贡献荣获诺贝尔经济学奖。这些研究成果标志着人力资本理论体系的真正形成。

人力资本积累是当今发达国家经济持续增长的重要力量。在标准的新古典增长理论中，物质资本积累问题不可避免地会出现收益递减。但是在卢卡斯的理论中，人力资本外部性带来的社会收益递增战胜了物质资本的收益递减，作为个体行为的个人人力资本投资会导致整体经济的不均衡增长。在人力资本理论学者看来，学校教育显然是能力发展的基础，是使人各得其所的筛选工具。他们认为技术在现代工业经济中越来越重要，教育在发展人所必需的技能上发挥着重要作用，所以需要进行人力资本投资，实现人的经济价值。但是在这一过程中，制度似乎被过滤掉了。在人力资本投资与人的经济价值的实现与提高的关联中，似乎只是一种线性的关联。但在现实中，我们知道要使人力资本效益真正得以实现，必须要有相关的制度支持。这些制度的需求，是随着人的经济价值不断提高而逐步显现出来的。换言之，“人力资本在寻求自身的参与权时要求表明制度的状况”①。因为制度是会不断变迁的，人们对可选择的制度变迁加以考虑来作出相应的社会选择，以改善经济效益增进经济福利。总之，制度在决定人力资本投资、配置和使用的微观机制中能够起到规范、约束和激励的作用。人力资本与其他生产要素只有在有效的制度下才得以发挥各自的功能，并实现数量和质量上的增长。一直以来，我们仅仅将制度的变迁视为既定的状态，这并不是说不重视制度的作用，而是我们常常将制度的变化理解为一种外生的变量，认为它们会因为一些政治行动包括法律的决定而改变，这些改变不依赖经济增长进程。但在现代社会，制度更多地体现出了经济上的意义，被视为具有经济价值的服务的供给者。这些制度或是提供了某些服务使人们获得了便利，或是提供了一种使交易费用降低的合约，或是提供了信息降低了风险，当然也包括学校，它们提供了公共物品。随着教育在现代社会的经济价值逐步体现，经济社会发展日益仰赖知识的进步，对那些能够生产与分配知识的制度的需求会转向对其权利的需求。当经济发展达到需要越来越多的高技术阶段，需要通过培训而获得的高技术的需求包括高等教育，相对于低技术的和再生的非人力资本形式的需求而言会增加。而由此带来了公民权利的扩展、关注弱势群体的就学权利以及从制度层面减少贫困的安排，这些立法和法律是为适应由于人的经济价值提高所导致的制度的压力而作出的滞后调整。由于当前的经济发展是一种比常规需要更高技能的生产活动，因此人们开始加强对自身的投资，但更重要的是人力资本投资收益率的改善更多体现在高等教育方面，市场会促使我们的教育体制扩大教

---

① ［美］T. W. 舒尔茨：《制度与人经济价值的不断提高》，［美］R. 科斯等著：《财产权利与制度变迁——产权学派与新制度学派译文集》，上海三联书店，上海人民出版社1994年版，第251页。

育服务的供给，这种适应会首先满足有较高收入家庭的教育需求并且有很大的灵活性，但在为农民家庭的孩子、城市贫困家庭子女提供教育方面，却在质量和数量方面存在着严重的滞后。从对贫困阶层进行教育投资的社会收益率来说，有越来越多的数据表明这两种不同阶层的收益率是不均衡的。如果没有制度的有力介入，我国目前这种二元分割的教育体制会在社会造就一个巨大的鸿沟，造成人力资本收益率理论与现实的巨大背离，从而使人力投资成为一个空洞的口号，最终延缓国家的发展。

（三）教育发展的制度因素：一个被忽视的问题

在新古典主义看来，具有经济价值的正规学校教育的需求产生于企业对劳动力素质的要求，具有经济功能的现代学校教育是从企业培训逐渐发展形成的。由于具有经济功能的现代学校教育是从企业中分享出来的，学校要想生存就必须有自身的动力机制。按照新古典主义的逻辑，学校在经济利益角度实际上与企业没有什么区别，学校之所以会向其消费者提供服务是因为学校能从中获得利益，或者至少能获得成本补偿。个人之所以选择受教育，是因为教育能提高个人未来的收入。可见，教育的需求主要取决于劳动力市场情况，以及个人对劳动力市场情况所作的反应。教育供给主要取决于学校能从其提供的教育服务中得到的获利情况或成本情况。由于教育投资具有周期长、风险大的特点，以及教育投资最终形成的人力资本无法成为抵押品，所以个人往往无法从资本市场上获得奖金投资于教育，教育投资往往都是由家庭或亲属的个人财产来支付的。具有这样投资特点的教育带来的一个直接后果是教育的需求与学生家庭财产的多少直接相关，只有具有支付教育费用的家庭才能形成有效的教育需求。其结果只能是受教育机会不均等与整个社会需求不足。与教育需求相反，教育供给主要依赖教育的价格水平，教育价格水平低将导致教育供给不足。在现实中，由于政府的介入，教育价格水平往往较低，结果是教育供给不足。当然，这种供给不足，不一定表现为数量的绝对不足；由于价格水平低，没有足够的吸引力吸引优秀的人才来从事教育工作，导致教师素质下降、服务质量低同样意味着教育供给的减少。

从经济角度上看，教育发展是教育产品的生产者与消费者在价格机制的作用下，最终达到均衡的结果。按照新古典主义的观点，教育是一种产业，在这一产业中，生产者是学校，消费者是政府与个人。作为教育产品的生产者，学校之所以提供教育服务，是因为通过提供教育服务，学校能从中获利。学校生产教育服务的动力根源在于能获得利润。教育提供的产品是一种具有外部性的产品，教育的收益不仅为受教育者个人所获得，社会上其他人也会从中受益。教育的消费者不仅包括受教育者个人，还包括社会上能从中受益的消费者。在完全竞争的市场上，学校、个人与政府都具有完全的信息，学校根据教育的价格水平提供相应的教育服务。个人与政府会按各自从教育中所获得的收益来购买一定价格水平下的教育服务。通过价格的调节，教育需求与教育供给最终将达到均衡状态。

但在现实中，产品市场与资本市场都不可能满足完全竞争的条件，上面的均衡无法达到。第一，个人消费者无法在资本市场上获得教育投资所需的资金，教育需求因此更多地与受教育者个人及其家庭经济状况相关，这样收入分配的不均等会直接影响教育的个人需求。第二，个人投资于教育的目的是为了获得更高的经济收入，这一目的通过劳动力市场，最终是在企业中实现的。所以，教育需求的最终决定因素是企业生产中的技术水平，企业生产的技术水平越高，对高素质劳动力的需求越大，教育的需求也就越大；反之，则教育需求越小。第三，教育投资风险大，收益周期长，难于测量。教育投资牺牲了现实利益，为的是获取长期利益。但教育的收益不论是对于个人消费者还是社会消费者都包含了很多的不确定因素，因此往往会影响教育的需求。第四，在现实中学校并不具有像上面所提到的运行机制。学校往往成为政府的隶属机构，学校并不以利润最大化为目标，其目标是尽可能满足公众的教育需求，教育供给的数量也基本上由政府决定，政府因此也就兼有生产者与消费者的双重角色。

上述观念认为教育完全是经济、社会的附属，它的发展要受到一定经济、社会的严格制约，这就使教育的发展始终处于一种被动应付的状态，导致教育总量矛盾和教育结构矛盾一直得不到有效解决。所谓教育总量矛盾，是指人才总供给与社会总需求之间的矛盾。教育结构矛盾则是指教育各层次的结构与社会总需求的结构之间的矛盾，这两大矛盾制约着各级各类教育体系的发展程度、方向、水平和规模。这种发展不协调的教育结构，又影响着经济、社会发展。在教育与经济的关系上，经济的发展与需求状况确实影响了教育的发展，但其影响的方式取决于国家的性质，因为对教育的不同需求常常是由政治来决定的。教育是国家体制里上层建筑的一部分，从广义上看，也就是国家的一部分。它如何反映特殊的经济需求，如新的生产技术或新的劳资关系的需求，取决于经济需求是如何被那些对此感兴趣的各个社会阶层通过国家政体表现出来的，也因此取决于国家内部的各阶层力量的平衡。因此，“经济关系最为发达的国家的教育并不一定作出了最具深远意义的变革。只有在出于特殊目的时，把国家当作发展经济的工具的国家，或是需要通过干预教育来平衡国内阶层力量的国家，才会产生与经济变迁同步进行的教育变革”①。就中国目前而言，国家是经济发展的一个非常积极（也是最重要）

① ［英］安迪·格林，王春华等译：《教育与国家形成：英、法、美教育体系起源之比较》，教育科学出版社2004年版，第119页。

的推动者，同时也在维护和巩固主流意识形态的过程中发挥重要作用。在我们这个正在尝试从上至下总体重建的国家里，国家已经成为文化变革中一个极为重要的工具，它涉及大量精心设计的社会变革，而学校必然是这个过程的重要组成部分。这样来看，学校及教育的发展就变得非常重要，因此，国家需大力发展教育，以实现理想的经济社会发展目标。

政府介入教育主要有以下三个原因：一是相当多“邻近影响”的存在；二是对孩子们和其他对自己行动不负责任的个人的家长主义的关怀；三是教育具有技术垄断的特点。[①] 这里所说的“邻近影响”实际就是我们经常所说的外部性，即一个人的行动迫使其他人为之支付相当大的代价，而又无法使前者赔偿后者的损失，或者是个人行动对其他人产生相当大的好处，而又无法使后者赔偿前者的情况。由于外部性的存在，自愿交易变得困难，因此需要政府干预。教育就具有这样的外部性，一个人受教育不仅本人能从中获得好处，而且社会其他人也能从中受益。比如儿童由于受到教育而有助于社会的稳定与民主，使社会上许多人受益，但却无法识别受到利益的具体人，以及其所受利益的多少，因而也就不能向受益人索取报酬。这就决定了收取全体纳税人所交税收的政府有义务介入教育。

家长主义一般表现为各种形式的集体主义，它反映的一个实质性的问题是某些人可以为别人作出决定。之所以如此，是因为社会上存在着一些不负责任或无法负责任的人，对于这些人家长主义是不可避免的，自由只能给予负责任的人。未成年人不具备独立的决策与判断能力，国家有义务为孩子们提供合适的教育，以使他们养成起码的价值观和具备知识基础。

① ［美］米尔顿·弗里德曼：《资本主义与自由》，商务印书馆2004年版，第93、101页。

技术垄断也是政府介入教育的一个重要原因，由于地域、学生入学人数的问题使教育在某种程度上成为一个具有技术垄断性质的行业，这种垄断将会使学校处在一种强势地位，可能出现价高质量低下的服务，通过政府介入，学生与家长能接受货真价实的服务。

一般来说，无论是哪一种组织，其效率与和谐并不在于这个组织分配水平的高低（即收入水平的高低），而在于这个组织是否建立了一种有效的激励约束机制，以保证组织成员之间分配的公平性。如果该组织能够通过这种机制来保证当事人各尽其力各得其所，就会兴旺。市场经济就是这样的一种机制。有效的市场竞争可以促进技术的改进、观念的创新、交易的活跃、个人与企业的努力。但为什么同样是市场经济，一些国家或地区经济繁荣了，而另一些国家或地区却没有发展起来？诺思认为这是制度原因。我们认为，这些原因应该分解到制度规则是如何制定的、制度的内容是什么、制度是如何来执行的、制度代表了哪些人的利益等一系列具体问题。如果制度规则的确立为少数人所操纵，并把他们的利益制度化，那么也就不可能确立有效的市场体系，整个社会的经济繁荣也就不可能实现。

制度是人们交换活动和发生联系的行为准则，它是由生活在其中的人们选择和决定的，反过来又规定着人们的行为，决定了人们行为的特殊方式和社会特征。

制度既可以指具体的制度安排，即指某一特定类型活动和关系的行为准则，也可以指一个社会中各种制度安排的总和，即制度结构。制度选择集合是某一制度安排的多种备选方案，而制度结构则是由一个个制度安排所构成的，一个特定的制度安排不均衡意味着整个制度结构不均衡。许多制度安排是紧密相关的，牵一发而动全身，一个特定制度安排的变迁，有可能引起其他相关制度安排的不均衡。因此制度不均衡可能由某一特定制度不均衡引起，也可能由多个制度不均衡引起。

既然制度选择和制度变革是人们的一种行为，我们把人们的这种行为称作制度行为，以有别于人们的其他行为。当人们作为行为主体采取制度行为，进行制度选择和制度变革时，就成为一个制度行为主体。生活在同一制度安排和制度结构中的人们，由于在制度选择和制度变革中处于不同的地位，起着不同的作用，因而具有不同的行为，扮演着不同的角色。概括起来，这种行为和角色大体可以分为两类：一部分人或利益集团在制度选择和制度变革中处于主动的地位，起着决定的作用，是制度选择和制度变革的决定者，即选择主体或变革主体，可称之为制度决定者；另一部分人或利益集团在制度选择和制度变革中处于被动的地位，起着从属的作用。他们是既定制度的接受者，可称之为制度接受者。由于制度选择和制度变革的决定者也要在其作出的制度安排和制度结构中生活，并以此来规范自己的行为，从这个意义来说，他们又是制度的接受者，因而是决定者和接受者的统一。当然，制度接受者也会对制度选择和制度变革施加自己的影响，间接发挥制度决定者的某些作用。

在制度选择和制度变革中，制度决定者和制度接受者是互相联系、互相制约的对立统一关系。在全体一致的制度选择和制度变革中，二者是合二为一的，但是在现实实践中，这种情况却很少见。在一般情况下，二者是相互分离的，往往是由不同的利益主体和利益集团扮演这两种不同的行为角色。以中国今天的经济实力来说，问题已经不再是政府有无足够的财力对教育进行支持，而是一个选择与排序的问题。2011 年我国 GDP 已经跃升为世界第二名，[①] 教育规模空前扩大，一个学习型社会正在构建。

① 根据国家统计局发布我国 2011 年 GDP 为 471 564 亿元人民币，按汇率以 6.35 计算则为 7.42 万亿美元。

这个时候，教育的发展更多地应依靠制度创新来推进，我们二十余年来的教育变迁也验证了这点。投资制度、管理制度、评价制度、选择制度、培养制度、办学制度、证书制度、人事制度等的创新使中国的教育以一种前所未有的速度与规模发展，这些发展主要是由制度的创新带来的。以高等教育就业分配来说，我国高校毕业生一直由国家培养，只配置到全民所有制单位，乡镇企业、民营企业显然不属于分配之列。分配制度严格按行业指令性计划强制配置，对不服从分配者的惩罚是取消分配资格，这意味着毕业生可能失去政治身份与生活来源。1985 年 5 月，中央召开了全国教育工作会议，发布了《中共中央关于教育体制改革的决定》这个具有创新意义的教育文献。其中，对招收委培生和自费生问题作了规定，提出要进行招生和毕业生分配体制改革，要求在保证国家计划的前提下，由用人单位提供经费，实行合同制委托培养或联合办学培养学生。这一“取消公费、不包分配”改革成了后来十几年高校招生与就业制度变迁的实质内容。1999 年高等学校以 47% 的增长比例扩招后，许多地方的高考高分考生放弃已录取的名额去复读，为的是来年考入重点学校。这一行为虽然风险高，但与重点学校文凭在市场上的收益比较而言，考生选择了后者。但如果没有教育部门实行扩招政策；如果没有放开录取后不得弃学不读，否则停考一年的规定；如果重点学校的文凭在市场上得不到认同，毕业生还是由国家包分配；如果高中学校为了保证适龄学生的入学率，不容许复读；如果 2003 年教育部不开口准许 22 所高校实行 5% 的特许自主招生，那么今天高等教育就业双向选择根本不会出现。在一个市场化程度逐步提高、制度创新持续不断的社会中，教育不可能远离社会。在改革主导上，经济体制改革决定教育体制改革。贯穿经济与教育各个阶段改革的基本任务，在经济领域就是解决市场配置资源及与之相关的制度创新，在教育领域主要是解决市场机制与以政府为主配置资源的过程中引起的整个生产关系乃至社会关系变化对教育发展的要求。在计划体制中只能由政府配置教育资源的格局，面临着由市场配置资源的经济基本制度所带来的挑战，挑战迫使教育重新审视体制与机制问题，即制度创新问题，这正是教育体制要改革的任务。

第四章

基础教育普及和发展与制度变迁

我国目前致力构建的现代国民教育体系包括义务教育、中等教育、高等教育、职业教育和成人教育五个方面，其中义务教育是国民素质的基础，也是整个基础教育的核心组成部分。基础教育的普及与发展和制度息息相关，本章就基础教育发展中的主要制度进行初步分析。本章中的基础教育更多地指向由政府公共财政支出的义务教育部分。

一、基础教育制度变迁

（一）义务教育制度在中国：简单的历史回顾

中国公共教育自清末开始试行。义务教育的概念，最早见于政府法令的，是1904年《奏定学堂章程》中的《学务纲要》，“蒙养院、初等小学堂，意在使全国之民，无论贫富贵贱，皆能淑性知礼，化为善良”，“初等小学堂为养正始基，各国均任为国家之义务教育。东西各国政令，凡小儿及就学之年而不入小学者，罪其父母，名为强迫教育。盖深知立国之本，全在于此”。[①] 学部成立后，1909年拟定的分年度工作计划，预定在1915年“颁布强迫教育章程”，1916年“试行强迫教育章程。行各省学

① 张百熙等：《学务纲要》，转引自陈学恂主编《中国近代教育史教学参考资料（上册）》，人民教育出版社1986年版，第534页。

司、所有厅、州、县中、小学堂兼学官话”。[①] 但两年以后，清政府就灭亡了。

1911 年，辛亥革命成功，“中华民国”的成立使中国告别延续2 000余年的帝制，开始了共和岁月。1935 年，经行政院批准颁行《实行义务教育暂行办法大纲》，决定分三期，用十年时间实现四年制义务教育。为此，大量增设短期小学和三年制的简易小学，学生数增长很快。1929 年，全国初等教育各类学校数 21.2 万所，学生数 888.2 万人；到 1936 年，学校数增至 32 万所，学生数则为 1 836.5 万人，分别递增了 50% 和 106%。[②] 从 1928 年到 1930 年，中学数由 954 所增至 1 874 所，学生数则由 18.9 万人增至 39.7 万人。到 1936 年，中学数达 1 956 所，学生数为 48.3 万人。[③] 随后，由于抗日战争的爆发，中国义务教育的发展受到挫折。在连民族的存续都有危险的时候，抗战当然是第一位的。1945 年，随着抗战的胜利，国家开始进入全面的重建。1949 年新中国成立，开始了社会主义建设时期，由于在政治、经济上受到西方国家的封锁，只有全面地以俄为师，在教育上也全盘照搬苏联的模式，在三级教育发展的重点方面，选择高等教育作为重点突破，开始了全面免费加助学金的高等教育发展时期。由于国家财力所限，也因为当时没有意识到义务教育对整个国家与民族的重要性，没有将重点放在普及基础教育方面。即使没有直接颁布义务教育的相关法律，在相关政府文件中，还是体现了政府推动义务教育的决心：1956 年 1 月，教育部印发的《十二年教育事业规划纲要》提出，“7 年内在全国基本上普及义务教育”。改革开放后，随着法制建设的逐步健全，1986 年，第

① 学部：《奏报分年筹备事宜折》，转引自陈学恂主编《中国近代教育史教学参考资料（上册）》，人民教育出版社 1986 年版，第 745 页。

② 李华兴：《民国教育史》，上海教育出版社 1997 年版，第 647 页。

③ 李华兴：《民国教育史》，上海教育出版社 1997 年版，第 630 页。

六届全国人民代表大会第四次会议通过了《中华人民共和国义务教育法》，全面地规定了国家实施义务教育的方针、管理体制；规定了国家、社会、学校、家庭在义务教育实施中的相关责任等。这是新中国成立37年来，由国家最高立法机关制定颁布的第一部有关教育的单行法。1992年颁布的《义务教育实施条例》，开始在法律层面明确规定9年义务教育。至2006年新义务教育法修订实施的20年间，义务教育法的实施有力地推动了我国义务教育的发展。到2005年底，全国实现“两基”的地区人口覆盖率达到95%以上，小学学龄儿童入学率达到99.15%，初中阶段毛入学率达到95%。[①] 当然，在这一时期里，中国区域经济发展的严重不平衡，使得这一时期的义务教育并不是严格意义上的免费教育，各地以收取杂费的方式补贴义务教育的开支需要。2006年6月29日，中华人民共和国第十届全国人民代表大会常务委员会第二十二次会议修订通过《中华人民共和国义务教育法》，并于当年9月1日正式实施。新《义务教育法》包括8章63条，对1986年的《义务教育法》从形式到内容都作了重大调整，突出了义务教育的权利性、平等性、公益性、强制性和统一性的特征，为我国义务教育的完善奠定了坚实的法律基础。2006年，中央政府免除西部地区农村义务教育阶段中小学生的学杂费，惠及5 000多万名农村中小学生。从2007年春季开始，全中国农村义务教育阶段中小学生，全部免收学杂费，到2008年秋季，全中国义务教育阶段的学生都免除了学杂费和教材费用，真正实现了免费的义务教育。至此，中国的义务教育走过百年历程后终于回归了义务教育免费的本质。

虽然20世纪中期的中国生产力水平低、经济实力偏弱，但中国大规模的人力资本投资却也从那个时候开始。那时确立的教

① 2005年全国教育事业发展统计公报。

育体系是单纯的福利教育制度。在计划经济时代，城镇教育体系包括普通学历教育与职工技能培训，均属于国家公共福利范畴，即使是企业单位举办的学校，也因国有经济一统天下与国家财政紧密关联而事实上属于国家福利教育；乡村教育体系则是在国家支持下由乡村集体举办的一项集体福利。在这种福利教育制度下，受教育者通常享受免费教育或者只付出极低的成本。长期以来，中国的义务教育学杂费通常在1美元以下，高中教育每学期的学杂费通常在2美元以下。①

1950—1970年，中国的财政性教育投资约占GDP的2%（低的年份为1.7%），② 如果再加上乡村集体经济对农村居民子女教育的投入，这一比重还会有所上升。与当时的经济发展水平相比，应当承认国家对教育是重视的，也是有成效的。正是这种由政府与集体投资的免费与低成本的教育体系，使中国国民的受教育程度迅速得到提高。据统计，1949年时，中国人口中的文盲半文盲占80%以上，受教育成为少数富裕家庭子女的专利；经过1950—1970年的发展，到1982年全国人口普查时，全国人口中的文盲与半文盲率下降到30%以下，中国城镇劳动力平均受教育年限达到7.93年，农村劳动力平均受教育年限为5.01年，③ 这种人力资本的积累不仅得益于普通国民教育，也得益于诸如夜校等非正规形式的教育。

（二）义务教育提供制度：政府抑或市场

当机器大工业逐步代替手工业生产方式的时候，教育的意义

---

① 郑功成：《从福利教育走向混合型的多元教育体系——中国的教育福利与人力资本投资》，《清华大学教育研究》2004年第5期。

② 于保平：《教育：阿喀琉斯之踵》，《21世纪经济报道》，2003年12月31日。

③ 李术峰、张景勇：《教育，能否为全面小康提供足够人力资本?》，新华社，2003年3月12日。

就从单纯的个人选择变成国家和社会须承担的责任之一。“宗教、道德和知识是出色的政府和人类幸福所必需的，要鼓励支持学校教育。”美国早期的民主党人相信，社会最伟大的力量存在于人类自身。如果人们犯了错误，补救方法不是废除他们手上掌控的力量，而是通过教育帮助他们形成正确的判断力。如果普通民众被授予投票权，他们必须接受教育并完成任务。这意味着，公共教育必须是普及、免费和义务的。在美国，义务教育在1852 年开始于马萨诸塞州，1918 年在密西西比州最后实现普及。[①] 从政治角度上讲，政府提供免费教育可以为来自不同阶层家庭的子女提供平等的受教育机会，这使得许多原本因家境贫寒而无法上学的孩子得到了同等的受教育机会，使他们得以参与国家的经济建设，参政、议政以促进政治民主，维护社会的稳定，这也是为什么在过去的100 多年中世界上大多数国家（无论发达国家还是发展中国家）都相继颁布了义务教育的法律的原因。从经济上讲，教育不仅是长期经济增长的因素之一，而且是较其他因素更为基本、更为重要的因素。个人通过接受教育提高自身素质从而可以参与劳动力市场，通过劳动力流动的方式参与各部门的经济活动，从而摆脱贫困并获得平等的发展机会。政府资助、补贴教育或提供义务教育可以促进国民收入公平分配，贫困家庭负担不起孩子接受一定级别的教育，这无论对个人还是对整个社会来说，都是人力资源的损失。因此，免费教育在事实上起着收入重新分配的作用，政府提供公立教育是使未来收入变得公平的一种手段，教育在某种程度上起着社会稳定器的作用。

随着世界各国义务教育基本普及和受教育年限的上移，人们开始关注政府提供的教育数量和质量与所处时代的要求是否相

① ［美］托马斯·R. 戴伊著，彭勃等译：《理解公共政策》（第十版），华夏出版社 2004 年版，第 116 页。

符，能否满足人们多样化的需求。“在现代社会，促进生产力的关键是知识、智力和灵活应用的能力——这不同于福特时代，那时只是规范性机械劳动，要求无条件地服从纪律。”① 因此，“人们对服务的个别化需求越来越高，这将导致传统工业经济中的划一性服务向知识社会中个别化对口服务转化”。② 加之市场机制在有效配置社会资源方面较单一的计划安排有着无比的优越性。自由主义经济学大师哈耶克曾用信息分散理论解释了其中的原因，他认为资源配置的决策须依赖有关的信息和知识，而这些信息与知识是分散的，分散在千百万人手中，各人掌握着不同的信息，政府当局不可能拥有或收集全面的信息，有效配置资源的信息只能通过个人的交换获取，即通过不同商品的价格信号在市场中的运转而在个人之间传递。因此，让个人利用其所掌握的信息去分散相互竞争才是满足人们目的的最佳方式。分权决策的市场过程的最大好处就是每个人只考虑与自己有关的信息促进个人利益，结果却使信息在市场中扩散，造就了市场秩序，促进了资源合理配置。③ 于是，让市场来调控、提供教育服务的声音逐渐大起来。20 世纪 80 年代以来，由于经济不景气，世界各国的教育经费总量总体而言处于下降趋势。加之与私立学校相比，公立学校办学成本逐年增高，办学效率普遍不高，教育质量低下，使人们相信只有走市场化改革的道路才能挽救公立学校。市场化观点认为，公立教育制度既是一种政府的垄断，也是教育部门的垄断。由于缺乏必要的市场竞争约束，消费者（家长和学生）缺

---

① ［美］约翰·丘伯、泰力·默著，蒋衡等译：《政治、市场和学校》，教育科学出版社 2003 年版，第 11 页。

② 程介明、田玲：《知识社会中的教师与教师教育》，《中国教育政策评论 2002》，教育科学出版社 2002 年版，第 11 页。

③ 参见傅殷才主编：《新保守主义经济学》，中国经济出版社 1994 年版，第 228 页。

乏选择学校的权力，导致学校可以以较高的教育成本提供较低质量的服务，致使办学效率低下，教育资源浪费。因此，唯有将竞争和教育消费的选择权用于教育资源的配置，才能以较少的公共资金保证较多较好的教育，从而使学校更有效率。政府对教育的资助责任并不能充分证明教育必须国有化或国营化。

从社会产品的属性来讲，只有具备下述三个条件的产品才是纯公共产品：效用的不可分性、消费的非竞争性、享用的非排他性。对于生产纯公共产品，市场往往会出现失灵现象。因为纯粹的公共产品具有正的外部效应和消费的非排他性，这会导致免费搭车者的出现。在这种情况下，公共产品的供给就不能指望自愿捐献或成本分摊的合作性融资方式，而只有依靠强制性的融资方式解决。政府则是最好的选择。政府一方面以征税的方式获取资金，另一方面又将所获得的资金用于公共产品的供给上。供给方式有多种，可以由政府委托私人部门来生产；也可以由政府向私人部门购买，再分配给广大公民；还可以由政府直接生产提供。在现实中，若基础教育服务在供给时不是由政府完全承担成本，此时，对社会而言基础教育同时具有效用的不可分割性和受益的非排他性，但在消费上具有竞争性，可以在技术上实现排他（通过价格）；但对教育消费者个体来说却具有私人物品的特征。由于它的生产和消费具有很强的正的外部效应，教育的发展对人类延续、社会和经济的可持续发展、对个人未来收入的增加、民主平等社会的建立与维护、公民意识的增强、对人类生存环境的改善和个人生存质量的提高，都有极大的促进作用。这类产品如果由私人部门通过市场提供，由此带来的正的外部效应，必须由政府财政上给予补助，否则会出现教育供给或需求上的不足，使整个社会的福利降低；如果由政府来直接出资举办教育，也需要发挥市场的价格机制在教育资源配置上的作用，以便提高教育质量和教育资源使用效率。从国外的做法来看，义务教育绝大部分由政府免费提供，但并不反对私人提供类似的教育服务。这些收费的私立学校存在的前提是当地的公立学校可以满足学生的入学要求，只是学生或家长为了追求更高素质（如良好的校风、更严格的管理、更负责任的教师或由于宗教信仰的原因等）才自愿选择收费的私立学校。

（三）义务教育收费制度：必然还是无奈

1949年，新中国成立。在三年的经济恢复期里，国家采取了没收官僚资本，统一全国财政收支的政策。逐步形成和实行了中央统一财政收支、三级预算管理的体制。与这种统收统支的体制相适应，整个教育经费的管理也采取了集中统一管理的体制。

1950年，政务院对教育经费的预算、支出、管理作出了如下规定："中央直接管理的大、中、小学经费列入中央人民政府预算，由财政部掌管；各大行政区、省市管理的县企中学以上的教育事业费，分别列入各大行政区及省市预算内。乡村小学、县简师、教育馆的经费，可由县人民政府随国家公粮征收地方的附加公粮解决，但地方附加公粮不得超过国家公粮的15%。各城市的小学教育经费，可征收城市附加教育事业费。"① 在这种制度下，无论是城镇小学还是乡村小学，无论是中央拨款的经费还是来自地方的附加教育事业费或附加公粮，都是由各级政府统一筹划、统一支出的。后来随着对私立学校的接管、改造，全国绝大部分学校的经费管理都纳入了这一体系。此外，为满足当时小学教育快速发展的需要，我国在当时也提出了政府统筹管理、允许群众在自愿的基础上发展民办小学的方针。另外，为进一步扩大中小学的教育经费来源，1958年，财政部、教育部又共同制定颁发了中小学收取学杂费的办法。从1953年起，我国开始实

① 《中国教育年鉴1949—1981》，中国百科全书出版社1984年版，第79页。

行“统一领导，分级管理”的新财政管理体制。除了侧重中央集权外，在收支事项上多采取“以支定收，一年一度”的做法。其具体做法大体如下：①根据国民经济有关指标计算出地方应组织的财政收入和按“条条”核定的应由地方管理的支出指标；②根据核定的地方收支指标，划出地方收入中应留给地方使用的数额，确定应上缴中央或应补助给地方的数额；③地方的支出中大多采用由中央主管部门按“条条”戴帽下达，地方无权调剂和留用。

1958 年，我国开始下放教育事业的管理权力，并规定今后对教育事业的领导，必须改变过去以“条条”为主的管理体制，应该根据中央集权和地方分权相结合的原则，加强地方对教育事业的领导和管理。其中明确规定普通中小学无论公办或民办都由地方政府自行决定。然而，教育事业管理权限下放后，很多地方却出现了大量挤占、挪用教育经费的现象。为制止这些现象，1959 年，国务院要求各级政府的财政部门和教育部门应根据“条块”结合、以“块块”为主的精神，共同管理好教育经费。各级政府财政部门在编制教育经费概算和核定下级教育经费预算时，应与同级教育行政部门协商拟定。省、市、自治区对中央下达的教育经费指标，根据教育事业计划和各项经费开支妥善安排后，如认为不足或有结余时，可以调剂。省、市、自治区应根据中央有关部门规定的全国统一经费开支标准并结合本地区的实际情况，本地区统一执行各项经费标准定额。另外，原由县、市教育经费开支而下放到人民公社管理的普通中小学教育所需的经费，仍应列入县级教育经费预算内，以利于这部分中小学的发展与巩固。同时，中小学收取的学杂费按预算特种资金办法管理，不列入预算内，由教育部门掌握使用。通过上述规定并经过各方的努力，到 1965 年，基本上控制了地方挪用教育经费的现象，并适当增加了中小学的经费来源。1966 年，“文革”爆发，我国的教育事业一度陷入一片混乱之中。1971 年，为改变当时教育经费管理混乱的局面，国家规定，从 1972 年起，中央在安排下达国家预算时，把教育事业经费支出单列一款，戴帽下达，专款专用。这制度在一定程度上加强了对教育事业经费的管理。1974 年，为扩大中小学的经费来源，促进各地区教育事业发展，国家又提出中小学勤工俭学的收入不上缴财政，并在税收上给予优惠，对民办公助学校和民办教师，要做到以国家财政补助为主，对少数民族地区和边境地区应给予一定补助。

总的来说，从新中国成立后到十一届三中全会前，我国的义务教育经费的供给制度受整个国家计划经济的影响，形成了高度统一计划的鲜明特点。

20 世纪 70 年代末，我国的改革自乡村开始。农村开始实行联产承包责任制，乡村社会中的市场经济得到了培育，乡镇工业也开始逐步发展起来。20 世纪 80 年代初期，乡镇财政逐步建立，并在财政包干的体制下得到了增强。随着改革的深入，长期以来的中央集权制管理体制的坚冰开始被打破。在地方财力不断增强的情况下，中央政府为增强地方政府办学的积极性，希望通过放权的方式以减轻自身的财政压力，从 20 世纪 80 年代中期开始在办学体制和教育经费的筹措体制上进行变革。1985 年，《中共中央关于教育体制改革的决议》中明确规定，农村义务教育实行三级办学、两级管理的体制，即县、乡、村三级办学，县、乡两级管理。在资金渠道上确立了利用财、税、费、产、社、基等来源多渠道筹措经费。与之相配合，我国第一部《中华人民共和国义务教育法》也于 1986 年颁布实施，明确规定基础教育由各地方政府负责。这是新中国第一次从法律的角度明确了地方政府有义务为适龄儿童提供免费的基础教育。在这种新的县、乡、村三级办学体制和新的财政体制的影响下，我国的义务教育得到迅速的发展。但随着农民收入增长的减缓和停滞，城乡及区域之间的经济发展水平和收入差距不断扩大致使各地基础教育资源投入严重不均衡，到20世纪90年代中后期，这种办学体制和财政体制都已显示出疲态。与此同时，中央政府在财政包干体制下，收入增长缓慢，在国民收入中的比重不断下降，对教育的投入也随之下降，到1994年为改变中央财政状况而进行了分税制度，力图增强中央财政能力以调控各地发展水平的极大殊异。这从某个角度说明了中央政府对三级办学的效果和多渠道筹措教育经费体制的不太满意。1999年以后开始了以减轻农民负担为目标的农村税费改革，明确了义务教育的经费安排主要由财政预算解决，取消了教育费附加、教育集资以及教育投入上的义务工等。2001年，全国基础教育工作会议明确提出农村义务教育管理体制实行“在国务院领导下，由地方政府负责、分级管理、以县为主的体制”，加大了中央及省级财政对义务的转移支付力度，同时适当提高义务教育管理的层级，实行县级统筹。这一决定在制度上确立了以县级政府为投资主体的教育投资格局。这种体制下各级政府义务教育投资的分工如下：中央政府设置贫困地区专项补助、困难地区危房专项补助、贫困县教职工工资补助、助学金专项补助；省（自治区、直辖市）政府设置贫困县教职工工资补助、困难地区危房改造专项补助；市（州）政府设置贫困县教职工工资补助、农村中小学危房改造补助；县（市）政府统发教职工工资，统筹中小学公用经费，筹措新增校舍建设和危房改造资金，购置图书资料、教学仪器；乡（镇）负担部分公用经费，提供新建、扩建校舍所必需的土地。由于中央、省、市财政转移支付资金只有贫困县才能享受，因此补助的范围小且资金有限。因此，县级财政是农村义务教育最重要的投资主体。2002年国务院下发《关于完善农村义务教育管理体制的通知》，规定农村中小学教职工工资要上收到县集中管理。2003年9月国务院颁布的《关于进一步加强农村义务教育工作的决定》又进一步提出：落实农村义务教育“以县为主”管理体制的要求，加大投入，完善经费保障机制。在新体制下，县级财政成为农村义务教育经费投入的主体，中小学教师工资由县财政专户发放，乡镇政府不再承担对义务教育的财政责任。在2003年10月公布的《中共中央关于完善社会主义市场经济体制若干问题的决定》中，再一次明确了各级政府管理基础教育的责任，并将重点放在了“加强县级政府对本地义务教育的事权、财权和人事权等进行统筹管理的责任，同时完善由中央、省、地（市）和县四级政府共同承担、切实保障义务教育经费的投入机制”①。

改革开放以来尤其是20世纪90年代以来，中国单纯的福利教育制度日渐转向混合型的多元教育体系。一方面，市场经济改革促使国民对教育的需求持续快速增长，“文革”时期的“读书无用论”迅速转向追求学历教育，而政府对教育的已投资难以满足教育发展的需要，因此，不仅非义务教育逐步实行收费制度，义务教育也需要向受教育者收取相应的杂费，许多学校为弥补经费不足而创办企业及其他营利性机构。1986年版《中华人民共和国义务教育法》第十二条指出：实施义务教育所需事业费基本建设投资，由国务院和各级地方政府负责筹措，予以保证。国家对经济困难地区实施义务教育的经费予以补助。国家在师资、财政等方面，帮助少数民族地区实施义务教育。但从1985年到2001年，中国实行以乡级政府作为投资主体的农村义务教育财政体制，导致严重的教育经费不足。农村教育多年靠“集资建校、收费办学”维持运转，教育负担大都转嫁到农民和村集体身上。税费改革后，集资不能、收费不敢、借贷无望，在

① 周济：“深化教育体制改革”，《中共中央关于完善社会主义市场经济体制若干问题的决定》（辅导读本），人民出版社2003年版，第401页。

中西部贫困地区，艰难度日的县级财政实在背不动沉重的“教育包袱”。即使那些能勉强实现“三保”的学校，也仅仅是在维持学校的简单运转，因为经费在很大程度上都只能发放教师工资，这是典型的吃饭财政。

1994 年的财政体制重新界定了中央、地方政府之间的财权和事权范围，着眼点是增强中央政府的宏观调控能力，明确各级政府的责、权、利。当时还无法明确省以下政府之间财力的分配框架，原本寄希望于通过逐步深化省以下体制改革，在动态中解决此问题。但由于省以下体制改革在近年来并未取得突破性进展，财权划分模式与事权划分模式出现了两相背离的格局。这在很大程度上加剧了基层政府的财政压力。中国实行分税制的主要意图之一是扭转过去中央财政收入占全国财政收入比重过低的局面，这符合分级财政体制正常运行的基本要求。但目前的现实却是，省、市也形成了上级政府应集中资金的逻辑思维，与此同时事权有所下移，特别是县、乡两级政府履行事权所需的财力，同其可支配力之间存在着严重的不对称，成为现在突出的矛盾。按照事权划分规则，区域性公共产品由地方相应级次的政府提供。近年来，在中国省级政府向上集中资金的过程中，县、乡两级政府仍一直要提供义务教育、本区域内基础设施、社会治安、环境保护、行政管理等多种地方公共产品，同时还要一定程度上支持地方经济发展。而且，县、乡两级政府所要履行的事权，大都刚性强、欠账多，所需支出基数大、增长快且无法压缩。①

相对于中国目前事权与财权的不对称，发达国家对地方性公共产品（尤其是义务教育）都有相应的法律规定，如德国，联邦政府的教育投入占 10% 左右，州政府占 65% 以上；在美国教

---

① 参见贾康、白景明：《县乡财政解困与财政体制创新》，刘溶沧、赵志耘主编：《中国财政理论前沿Ⅲ》，社会科学文献出版社 2003 年版，第十章。

育投入中，州政府占40%以上，州以下政府占50%以上；英国的教育经费，中央政府占60%，地方政府占40%。[①] 而我国各级政府间应承担的教育投入的责任模糊，法律并没有明确规定。中央和省级政府掌握了主要财力，但对义务教育的投入相对较少，而县、乡两级政府财力薄弱，却主要承担对义务教育的财政责任。在2004年的“全国教育厅局长论坛”上，全国人大常委会委员冯之浚透露，现在的农村教育投资中，只有8%由中央财政支出，另外92%则由各级地方财政支出，其中大部分由县级以下财政支出。国务院发展研究中心近年的一项调查表明：农村义务教育财政支出，78%由乡镇负担，9%左右由市财政负担，省财政负担11%，中央政府负担不到2%。[②] 因此，必须考虑根据各级政府占有的财政收入的份额来合理分担义务教育经费投入的比例。建立以国家财政和省级财政、市级财政为主的投入保障机制，尽快实现教育经费由中央、省、市、县按比例负担，这是化解当前基础教育诸多矛盾的根本对策。为此，在农业税逐步取消的大背景下，政府从2006年开始，将2001年确立的“在国务院领导下，地方政府负责，分级管理，以县为主”的体制进一步调整为“明确各级责任，中央地方共担，经费省级统筹，管理以县为主”的新机制。2005年12月，国务院下发《关于深化农村义务教育经费保障机制改革的通知》，主要内容有：2006年起免除西部各省、2007年起免除中部和东部各省的农村中小学杂费，对贫困家庭学生免费提供教科书并补助寄宿生生活费。免除的学杂费和提高公用经费所需资金，中央与地方分担比例，西部地区为8∶2，中部地区为6∶4，东部地区除直辖市外，按照财力状况

① 陕西农村教育调查：“穷财政”背不动“教育包袱”，新华网2004年6月9日。

② 蒋国华：《老问题要有新思路》，贺春兰主编：《义务教育谁买单》，苏州大学出版社2003版，第114页。

分省确定；农村义务教育阶段中小学校舍维修改造所需资金，中央与地方的分担比例，中西部地区为5∶5，东部地区主要由地方承担；对贫困学生提供免费教科书资金，中西部地区由中央全额承担，东部地区由地方自行承担；对贫困寄宿学生的生活费补助，由地方承担。2006年修订的《义务教育法》中也明文规定：义务教育经费投入实行国务院和地方各级人民政府根据职责共同负担，省、自治区、直辖市人民政府负责统筹落实的体制。农村义务教育所需经费，由各级人民政府根据国务院的规定分项目、按比例分担。

二、素质教育与应试教育：理想与制度安排之争

素质教育虽然是一种新的理念，但缺乏系统的制度安排和相应的制度环境，加上传统教育制度的惯性作用，使素质教育的实施陷入了似是而非、进退维谷的尴尬境地；而应试教育虽然是众矢之的，但它适应于现有的考试制度、评价制度而具有制度效益，所以僵而不死、攻而不退。

（一）素质教育：理念诱惑与制度困境

20世纪80年代以来，统一高考制度日益强化，促使升学压力越来越大。为了扭转这种局面，从20世纪80年代中后期起，从中央到地方掀起了推行素质教育的热潮。[①]

从本质上说，素质教育是以提高全民族素质为宗旨的教育。素质教育是为实现教育方针而规定的目标，着眼于受教育者群体和社会长远发展的要求，以面向全体学生、全面提高学生的基本

① “素质教育”的提法是柳斌1987年在《努力提高基础教育的素质》文章中首次提出，随后此提法在各级领导人讲话与政府正式文件中逐渐出现。

素质为根本目的，以注重开发受教育者的潜能、促进受教育者德智体诸方面生动活泼的发展为基本特征的教育。也就是说，素质教育要面向全体学生，而不是面向少数学生；要促进学生全面发展，而不是单纯应付考试；要培养学生的自主学习能力和自我发展能力，而不是让学生被动地、机械地接受知识。

素质教育是以人为出发点与归宿的。素质教育区别于应试教育的一个根本点就在于，尊重并保持自身的个性色彩，保持有别于其他儿童的不可置换的独特的个性的存在。所谓个性，一般是指每一个人区别于他人的固有特性。这些特性是有机整合的，是作为一个整体而显示出独特的倾向。换言之，所谓个性，原本是指不可分割的具有作为一个整体才有意义的个人固有的存在方式。尊重个性就是承认该个体无论在何种状态，都存在着主体的个性的发展可能性。只要有可能，就要保障其自由发展的空间，致力于培育其独特性、创造性。然而在学校教育中，儿童的个性往往是受到轻视和压抑的，素质教育最重要的任务就是要打破我国学校教育的根深蒂固的弊端——划一性、封闭性，确立尊重个性的原则。所谓素质教育无非是尊重个性、发展个性的教育。①

从素质教育的作用来看，主要有以下作用。

（1）实施素质教育是推行全面发展的教育方针的主要保证。全面发展的教育方针是中国各级各类教育都遵循的基本指导方针，但是由于“应试教育”对贯彻教育方针产生了严重干扰，使得教育方针在基础教育领域的许多方面不能落实。实施素质教育，正是要克服“应试教育”的弊端，准确地贯彻全面发展的教育方针。同时，素质教育既体现了一种教育思想，又表现为一种实践模式。素质教育不仅强调全面性，而且强调全体性、基础

① 钟启泉：《素质与素质教育》，钟启泉、金正扬、吴国平等主编：《解读中国教育》，教育科学出版社2000年版，第39页。

性和发展性。不少地区的实践经验表明，素质教育有助于克服在教育方针贯彻过程中出现的问题，为全面贯彻教育方针提供了具体而有效的途径和保证。

（2）素质教育有利于克服应试教育的弊端。有人认为应试教育的核心在于考试，有考试就必然有应付考试的办法，不取消考试，就无法摆脱应试教育的影响。我们应当把作为具体方法的考试和作为指导思想的应试教育区别开来。素质教育反对把考试分数作为衡量学生成绩的唯一标准，更不赞成把学生的考试分数或升学率作为衡量教师、校长或者作为提高教学质量的一种手段，要改革和完善考试的内容和方法，改进和完善教育评价的制度。

（3）实施素质教育，更有利于学生的个性发展。素质教育强调面向全体学生，有人担心这样做会忽视学生的差异和个性发展。其实这是一种误解。素质教育中面向全体，正是面向有差异的每一个个体，根据不同学生的实际，促进他们的全面发展。就学生个体而言，指的是共同发展与差别发展的统一；就群体而言，指的是一般发展与特殊发展的统一。在教学中，要把群众培养目标与每个受教育者的具体发展目标统一起来。所以说，真正实施素质教育，一定会十分重视因材施教，重视学生个性发展。

（4）实施素质教育，有利于全面提高教育教学质量。在应试教育的模式下，学校的教学工作主要面向少数学习成绩好的学生，挫伤了大多数学生学习的积极性和主动性，即使对于少数学习成绩优秀的学生，学习的主动性和创造性也得不到充分发展，这些都直接影响教育教学质量的提高。与应试教育不同，素质教育的教育教学质量观的立足点是要充分考虑如何更好地满足未来社会发展，以及学生全面发展和长远发展的需要。实践表明，能有效实施素质教育的学校，学生学习的主动性、积极性一般都会得到增强，表现出思想道德健康、分析思路宽广、知识基础扎实、创造精神与动手能力以及吃苦耐劳的品质显著增强等特点，教育教学质量有了明显提高，这也正是我们实施素质教育的根本目的。

各地实施素质教育的探索呈现出各种不同的思路，但归结到一点就是已逐渐摆脱所谓素质教育模式而开始进行适合学生个性发展的教育。在上海东方世纪学校，提供给高一学生的课表就有5张。第一张课表，每周有4节美术课，这适合那些强势智慧在空间视觉的孩子。第二张课表是给“海归”派孩子的，一周35节课，有17节课用英语授课，并把雅思课程引入课堂。第三张课表给那些逻辑智慧处于相对弱势的学生，物理、化学一周只有三节，并且下降到常识水准——自然科学常识，列为考察项目，及格就行，不计入总分。第四张课表给逻辑智慧处于强势的学生，历史、地理、生物下降为社会科学常识，不计入总分。第五张课表是中华人民共和国统一课表，适用于那些不知道自己兴趣或者强势智慧是什么的学生。① 当然，这种在实施素质教育各个方向上的探索应该值得大力提倡，这也是教育最终实现个性化的必由之路。但素质教育的全面推进在当前却遭遇到制度性障碍。

新中国成立初期，在推行“全面发展教育”的时候，学者们就提出了“全面发展”不是平均发展，不能对学生提出整齐划一的要求，务必实行“因材施教”。然而，把全面发展乃至素质教育理解为“平均发展”已经不是今天才发生的事情，而是有历史的。但是直到今天，义务教育乃至基础教育评价体系仍是一个整齐划一、“一刀切”、以分画线的评价制度。这种评价制

① 马超宏：《寻找教育要素的最优组合》，《中国教师报》第136期，2005年11月23日。

度阻碍了素质教育上的实施，中国在素质教育方面并不缺少理论，而是缺少实践者。今天公办学校中有大量的优秀教师，他们为什么做不到，不是他们不想这样做，而是整个考核机制逼他们不能这样做，这种考核机制逼他们不得不放弃“因材施教”。目前非人本化的教师聘任制度、钱分挂钩的伪教育产业化、唯学历是从的社会用人机制如同三条绳索束缚着素质教育的推进，只有斩断这三条制度的障碍绳索，素质教育大面积的实质性推进也许才能成为可能。

（二）应试教育：高考制度惯性与新理念冲突

1977 年恢复高考，自此以后，希望通过高考改变自身及家庭命运就成为无数青年人的梦想，高考被赋予了众多的责任。这些年，虽然高校持续扩大招生规模，高等教育适龄人口入学率已经达到 26%（2010 年），但并没有给基础教育带来宽松的气氛，相反还有一种日益紧张、恶化的感觉。择校热愈演愈烈，择校费越来越高，中小学课业负担沉重。课外补习成风，奥数热、考证热严重影响了少年儿童的身心健康，与此同时，学校对升学率的追求有增无减，地方政府也介入这一过程。许多地方把高考升学率视为教育成效的唯一标准，提出排名目标，对未达标者进行调离、下岗的惩处，从而加剧了本已十分严重的应试教育的弊端。典型的如 2005 年 7 月，山西榆社县高考排名滑坡，县委常委会通过县电视台向全县人民道歉，对榆社中学领导班子实行全员停职待岗，以 10 万年薪在全省范围内公开招聘校长，引起轩然大波。①

从客观的角度来看，造成目前应试教育弊端丛生的原因是复杂多样的：它是社会转型、体制转型、社会竞争和社会分化加剧

① 李斌：《高考成绩滑坡成地震》，《中国青年报》2005 年 7 月 15 日。

在教育上的表现，升学竞争是社会竞争的集中反映。社会贫富差距、官本位价值、独生子女政策、劳动就业状况等都影响了基础教育的气氛。同时，由于在教育发展中比较忽视教育公平，导致教育的城乡差距、学校差距过大，造成激烈的择校竞争。社会价值观念的偏差，党政机关、家长对升学率的片面追求，也加剧了学校教育中的应试压力。所有上述指责其实都指向了全国统一高考制度，应试教育的存在有其深刻的社会基础。我们需要注意到这样一个事实：我国还是一个发展中国家，城乡差别、地域差别很大，大批人群试图通过“教育”改变自己的身份、地位，“教育”也因此背负着比发达国家重得多的责任。任何可能有碍于提高升学率的教育教学改革，无论理论上多么完美，形式上多么令人心动，都很难真正为学校所接受。原因就在于，现阶段由高考指挥棒作用决定的学校追求高升学率的应试教育行为，与实施素质教育和新课程改革的要求还没有完全统合起来。从许多地方的实践看，它们还是两回事，而要使两者统合起来，关键就是要对高考进行到位的改革，使应对新高考的教育教学行为与实施素质教育和新课程改革的要求统一起来。其实，我国多年以来的高考改革实际也在顺应素质教育、新课程改革的要求，如考试题目日益灵活、贴近实际，日益注重对学生实际能力的考查，但改革还不到位，还没有跟上素质教育、新课程改革要求的步伐。直到今天，具有指挥棒作用的高考还是没能把基础教育教学指挥得灵活、高效、富有生气和富于创新。高考是一把可以利用的、改善教育特别是基础教育局面的双刃剑，只要我们对高考的改革得法、到位，它就可能成为改善教育很有效益的、强有力的工具。在日益强调研究性学习、自主性学习的今天，考试作为考查学习能力而不是死记硬背知识点的一个手段，需要在考试方式上走向开放化。那种固守书本知识、解题技巧，不能把学校教育与社会实际需求有机融合的考试形式，日益不利于个人的全面协调可持续发展及与社会的和谐发展，已经到了非改不可的时候了。

但对统一的高考制度我们也应客观地分析，从积极方面来讲，高考除了具有为高校选拔合格人才的功能，还有很重要的维护社会公平，以及维护社会稳定包括促进社会流动的功能。高考并不单纯有教育功能，还有政治功能、社会功能以及文化功能等。恢复高考35年来，高考在促进中学生努力学习，提高我们民族文化水平、维护社会公平、社会稳定等方面，起过巨大的作用。通过高考这种形式的公平竞争，为高等学校选拔了千百万合格的学生，经过高等学校的培养造就，他们多数成为各行各业的骨干力量。中国三十多年来经济的腾飞，可以说和高考制度的恢复乃至于不断改革是密切相关的，很难设想如果没有高考制度，中国社会这三十几年的经济发展能有现在的情况。站在客观的立场，对中国教育和社会而言，高考制度是利大于弊。对高考制度的整体评价，应该在比较全面研究和深入思考的基础上来进行。如果只因为看到学生学习负担重等一些弊端，就说高考应该彻底改革，乃至被推翻，这种考虑不是理性的。统一高考制度也不能简单将其他划为计划经济的产物，实行市场经济的国家和地区，也有统一的考试。国家统一高考，用统一考试制度、统一考试这种方式选拔高校合格生源，和计划经济没有必然的联系。从高考制度变革的趋势看，从分散走向统一是大趋势，但不是哪个国家都绝对是这样的，中间存在一种规律。在20世纪50年代的时候，苏联并没有实行统一高考，而是到了90年代末才实行统一高考，而且不是全部高校参加。日本、韩国也实行统一高考，当然统一高考分数在各个高校权重不一样，使用的目的不一样。从负面性来看，统一高考也存在着很多弊端，首当其冲的是如何减轻中小学学生的负担，解决应试教育的问题。地方政府发了红头文件，一直想减但是减不掉，应该说这是有不以人的意志为转移的客观规律在里面的，我们传统文化的强大力量[①]在我们现代社会仍然有明显的表现。日本在1979年以前没有统一考试，1979年以后，开始建立国立学校统一命题的考试，现在越来越多的私立学校也主动加入了这种统一考试，韩国等国家也在实行这种统一考试。从西方国家看，英国也在筹备成立全国统一考试的招生委员会，而以前都是各地考试局、考试委员会主办的。日本现在大学入学的比例已经非常高了，但仍然出现与我们非常相似的情况，家长希望子女上名牌大学的压力依然存在。所以从分散走向统一，实际上是不以人的意志为转移的，这里面有客观规律存在，我国的司法考试、律师考试，原来是分散的，而现在是统一考试。有些高校为了公平，减轻考生的负担，也是从分散走向统一。把考试中共性的问题统一起来，可以达到公平与高效的结果，而且统一考试可以极大地方便全国各地的考生，可以用比较少的经费来报考，节省人力、物力和时间来招生，如果各项单考，成本将大很多。

实质上，中国这几年的高考改革进展很快，目前有16个省市单独命题（2009年高考为止），比美国这种多元化的国家还分散。所以从某种程度上说，多元化发展也不是独门利器，要适可而止。在相当长的一段时间里面，还是要向统一性与多样化的方向发展，以统一考试为主，以多样化考试评价录取。高校自主招生、自我约束，政府宏观指导和调控，社会有效监督，形成具有中国特色的高校招生考试制度。全国统一一张考卷当然不可取，因为没有照顾到各个省的特殊情况，但各个省自己都单独命题也不是一个最终发展方向。比较可行的是将来逐渐建立起若干个区域高校录取考试中心、考试院，各个省可以自己选择采用全国国

① 应该说“万般皆下品，唯有读书高”、“学而优则仕”这些传统思想在今天的中国仍然有深厚的社会基础。

家教育考试中心的命题或者是使用临近省区的命题，或几个省联合出题的方式等。另外，还应该探讨分层次的考试录取改革，现在全国不管是北大、清华或者高职高专都是一张卷子。从这个角度上讲，目前确实是统一性有余而多样化不足。

从理想的角度来看，素质教育是实施人的全面发展的根本出路。但理想与现实的差异在于社会能否认同学校的做法，社会评价的标准是否能随着学校的变革而变革。近几年为配合素质教育而开展的以课程标准代替大纲为代表的新一轮教育改革中，教育部的明确目的是提高学生的素质，但考试制度的滞后成为应试教育立于不败之地的绝对宝器。恐怕本次教改想取得胜利依然难度极大。卷面考试作为唯一的有效评价手段是否合理？评价体系的不合理，使整个教育体系的价值观产生致命的偏差。若不能有效解决这一问题，素质教育恐怕又会沦为一种口号，而不会给中国的教育带来深刻的变革。

三、制度改革与基础教育均衡发展

（一）义务教育制度创新理念：公平优先，兼顾效率

人才决定着一个国家和民族的生存发展的动力；教育又与社会公平密切相关，通过教育向上流动是一个社会最基本、最底线的公平。其特殊性在于，教育承载着公益职能，属于“市场失灵”的领域，纯粹依赖市场调节只会导致“有钱人上得起学、穷人读不起书”的教育不公现象，所以需要政府主导来调节公平。市场经济在客观上必然造成贫富分化、赢者通吃的马太效应。为防止这种消极后果的出现，必须用制度的方法来建立财富二次分配体制。这能让市场竞争下的弱者得到基本生活需求保障和接受义务教育的权利。在通往平等的道路上，没有比提供公共教育更伟大的步骤了。当今国际社会遵循每个人都享有受基础教

育的权利，每个人都应享有追求适合自身需要的个性发展以及通过努力成才的权利。所谓教育平等，其实主要指每个人在开发其潜能方面具有平等的权利或机遇，实现国民教育的机会均等，特别是由国家法定的义务教育必须得到贯彻落实，给予每一个适龄儿童接受教育的权利，为全体适龄儿童提供平等受教育机会。平等而又公正地对待每一个学生，这是公共教育行政部门的崇高职责与理想目标，也是当今世界各国正在主张或贯彻落实的教育理念。教育平等的理念能否实现，主要体现在各国政府对义务教育的法律政策以及经费投入上。义务教育制度自欧美国家率先实施普及初等教育以来，已有一百多年的历史。

当今人类社会迈进21世纪，在全球192个国家和地区中已经有170个国家宣布实施义务教育。现在不论是发达国家还是发展中国家，来自政府的公共经费一般均占义务教育投资总额的85%~90%，这说明了教育平等理念首先是体现为政府举办义务教育的实际行动，并贯彻落实于政府公共经费承担义务教育的基本原则。在当今世界教育经费来源多元化的背景下，各国政府对义务教育的投资表现出基本单一的共同特点：政府公共投资构成了义务教育的绝对财源。这为全体适龄儿童，特别是为处境不佳或家境贫困的儿童提供了接受教育的平等机会。“以政府公共经费负担义务教育的重要意义在于，能够通过政府公共资源的再分配，排除各种因素对义务教育的制约和干扰，切实保证一国范围内义务教育的实际需要和均衡发展，并为每个适龄儿童接受义务教育创造较为平等的机会。”①

1990年3月，由联合国教科文等国际组织在泰国宗迪恩举行“世界全民教育大会”，其最重要的议题是：在全球范围内实施全民教育，强调教育是人的基本权利，必须普及基础教育和促

① 《中国教育报》，2001年6月8日。

进教育平等，创造和提供条件满足所有人的学习需要。这一倡导所有人享有平等地接受教育的权利的思想，推动了世界教育平等与民主发展进入一个新阶段，也对世界各国政府如何制定教育政策并使之得到贯彻落实提出更高的期望和要求。在有数据可查的171个国家中，义务教育年限均为8年，主要发达国家的平均年限已经达到9~12年；这些国家的高等教育面向社会民众，已经不再是富裕阶层的特权与专利；凡是申请者基本都可以进入大学；一些不想去或者不习惯公立大学生活的学生可以报考私立大学，同时私立大学学费和公立大学的差距正在缩小，这对于趋于中产阶级化的发达国家中的家长和学生来说是能够承担的。

教育是立国之本，又是国家发展战略的百年大计。《中华人民共和国教育法》规定：中华人民共和国公民有受教育的权利和义务。公民不分民族、种族、性别、职业、财产状况、宗教信仰等，依法享有平等的受教育机会。受教育者在入学、升学、就业等方面依法享有平等权利。但是，目前我国仍有一些青少年儿童没享受到平等的教育机会。2004年全国统计数字显示，小学生辍学率平均为0.59%，初中辍学率平均为2.49%；部分西部贫困地区的小学辍学率可能在2%，甚至还要更高，初中辍学率在7%，甚至还更高，估计全国辍学的学生在230万人左右。从辍学原因来看，经济落后、财政助学经费不足、学生家庭贫困是主要原因。因此，从提高国民素质出发，为实现每个人追求发展的平等机会，政府财政应该负担起更大的责任。

（二）制度安排与基础教育发展模式选择

1. 二元教育制度与基础教育的非均衡发展

新中国成立以来，中国教育制度是一种双重的二元教育制度。其表现形式是，在城市和农村之间进行整体分割，形成“农村教育”和“城市教育”之别；在从幼儿园到大学的各教育阶段实行内部分割，形成“重点”学校和“普通”学校两个世界。在这种制度安排下，资源——政府有限的教育经费向着城市学校和各级学校中的“重点”倾斜。其直接结果是，分属于两种制度下的教育者和受教育者的权利的实现程度截然不同，不同的社会成员及其子女在某种程度上必须宿命地面对着教育机会的不平等。正如整个经济和社会制度的二元制度一样，发端于20世纪50年代的双重二元教育制度有着历史背景和体制根源。在计划体制的逻辑驱使和“赶超战略”的现实压力下，政府可调动的有限资源难以确保全体适龄人口接受同样的教育，农村教育的投入便在各种原因下被拖延下来，出于同样的理由，为了快出人才，将有限资源较多用于兴办“重点”学校也就成为自然选择。

1953年，教育部建立重点中学制度。首批确定194所重点中学，占全国中学的4.4%。重点中学的主要功能是为高等学校输送合格新生，以与高等教育的需要配套。在20世纪60年代初，教育调整、整顿的过程中，又一次强调“重点”学校建设，要求各地选定一批重点中小学，并集中精力先办好一批“拔尖”学校。1963年，全国27个省、市、自治区确定的重点中学共487所，占公办中学的3.1%。[①] 由于重点学校绝大多数设在城市、城镇，从而更有利于城镇学生的升学。据1963年对北京、吉林、江西等9省、市、自治区共135所重点学校的布局，城市有84所，占62%；县镇43所，占32%；农村8所，占6%；有7个省、自治区没有选定农村中学。[②] 对重点学校在经费、师资、设备等各方面实行优惠，人为地加剧了基础教育阶段的学校差距，追求升学率的竞争恶化了整个基础教育的氛围，影响了学生

① 《中国教育年鉴（1949—1982）》，第168页。
② 《中国教育年鉴（1949—1982）》，第168页。

的身心健康。它酿成了20世纪80、90年代严重的“应试教育”的制度。在缺少对具体个人和群体的权利进行尊重和保护意识的特定历史阶段，二元制度的产生并非不可以理解，而且确实被普遍接受了。但是，当权利意识随着70年代末的改革开放而逐渐觉醒之后，这种制度并没有得到及时调整，反而被强化了。1978年，邓小平同志提出“要办好重点小学、重点中学、重点大学。要经过严格考试，把最优秀的人才集中在重点中学和大学”的教育战略思想后，二十多年来陆续颁发了一系列培植重点学校的政策，如1978年的《关于办好一批重点中小学试行方案》、1980年的《关于分期分批办好重点中学的决定》、1983年的《关于进一步提高普通中学教育质量的几点意见》、1995年的《关于评价验收1 000所左右示范性普通高级中学的通知》等，在学校的领导班子、师资队伍、办学条件等的建设中明确向重点中学倾斜，促成和强化了强调竞争性、选拔性的重点学校制度。而这种思路从小学到大学，层层设置重点，通过计划手段在一个区域内将义务教育资源集中在几所甚至一所学校中，人为地造成了“重点”学校和“普通”学校之间的巨大落差。

从理论界与社会的争论来说，对重点中学办与废的问题一直有着截然不同的观点。应该说重点中学存在的理由如“重点校可起到示范作用”、“重点校培养了大批高素质人才”、“没有重点就没有政策”，在基础教育权利是每个适龄儿童的平等权利面前实在不堪一击；加之当前的择校热、择校费的迅速蔓延，使社会更多感受到这种计划经济模式下重点投入、重点建设的弊端。如果说，在经济建设领域重点建设还有存在价值的话，在义务教育领域则应强调平等与普及。基础领域的非均衡现象已经成为影响中国真正实现“两基”的根本性障碍。

这种二元制资源分配体制已经在城乡、地区之间造成了严重教育发展不均衡的现实。2004年，全国31个省、自治区、直辖市的生均预算内教育事业费状况继续呈现很大的差异，财政拨款最高地区比最低地区，小学、初中、普通高中、职业中学和普通高校分别为10.2倍、8.9倍、7.8倍、5.6倍和8.1倍。[①] 特别是义务教育经费在城乡之间的分配也是极其不均衡的，城乡差距十分显著，农村教育经费严重不足。

根据《2004中国教育经费统计年鉴》提供的2003年的数字显示，全国农村初中和小学生均教育经费与全国包括城市学生在内的生均经费相比，只相当于平均水平的72.6%和81.7%。北京市包括农村学生在内的全市初中生均教育经费为6 519.63元，而该市农村生均为4 319.54元，农村初中生均经费只相当于全市平均水平的66%。在同样的对比中，天津市农村初中生均经费只相当于全市平均水平的57.4%。河南省农村小学生均教育经费为597.21元，城镇（包括县镇）生均为979.73元，农村学生的生均经费只相当于城镇学生的61%；河南省农村初中学生均教育经费为759.97元，城镇（包括县镇）生均为1 184.24元，农村初中学生的生均经费只相当于城镇学生的64%。

在生均预算内公用经费上，城乡差距更大。2001年，我国小学生均预算内公用经费，城镇平均为95元，农村为28元，城镇是农村的3.39倍；初中生均预算内公用经费，城镇平均是146元，农村为45元，城镇是农村的3.24倍。[②] 以2001年全国城乡义务教育经费支出为例，见下表1。

---

① 张力：《中国教育发展与改革的政策及其趋势》，《中国经济时报》2006年3月17日第8版。

② 光明网：教育差距加大导致教育“异化”，2005年7月7日。

2001 年全国分城乡义务教育经费生均支出情况　　单位：元

	普通小学			普通初中		
	城镇	农村	农村低于城镇的%	城镇	农村	农村低于城镇的%
生均教育经费支出	1 483.98	797.60	46.25	1 955.03	1 013.65	48.16
生均预算内教育经费支出	953.11	558.36	41.41	1 120.00	666.70	40.47
生均教育事业性经费支出	1 399.98	768.43	45.11	1 791.54	968.11	45.96
生均预算内教育事业性经费支出	922.81	550.96	40.29	1 078.30	656.18	39.14
生均公用经费支出	389.09	159.75	58.94	624.44	268.16	57.05
生均预算内公用经费支出	95.39	28.12	70.52	145.86	44.95	69.18

资料来源：《从人口大国迈向人力资源强国》，高等教育出版社2003 年版，第 588 ~593 页有关表格整理。

根据数据显示，农村学校的生均经费与城镇相比差距相当大，有效地缩小城乡教育差距，也是我国能否巩固普及九年义务教育的成果、降低农村辍学率、建设和谐社会的一个主要障碍。

2. 基础教育公共财政制度创新与基础教育的均衡发展

均衡发展是义务教育的本质要求。它是通过政策法规确保未来公民接受同等教育的权利和义务，调整资源配置为他们提供相对均等的教育机会和条件，以客观公正的态度和科学有效的方法实现教育效果和成功机会的相对均衡。显然，逐步推进义务教育的均衡发展在很大程度上就是帮助弱势群体，在义务教育方面给予帮助正是扶持弱势群体的一个根本性措施。对弱势群体的最有效扶持就是为他们创造公平的受教育机会，提高他们的素质及其今后在社会发展中的竞争能力。这就要求进行基础教育公共财政制度创新。

从国际上看，由于很多国家的财政体制属于分权的体制，基础教育由地方政府提供相应资金，这也会造成地方与地方之间教育经费的巨大差异。如美国的教育支出项目繁多，全国每年要为每个孩子支付6 500美元的公共教育费用。但同样在50个州里是严重不均的。如1998年，公立学校在每个学生身上的平均支出可以从犹他州的3 900美元到新泽西的10 427美元不等。经济实力是决定一个州在提供公共教育服务的能力和意愿上的重要因素。大多数州在教育支出上的差异可以用经济差异来解释。[1] 传统上，美国的教育被看作是社区的责任。但多年以来，很多州政府认为应对公共教育负主要责任，而联邦政府则以旁观者的姿态关注着地方教育政策。虽然美国最高法院带头保证教育中的种族平等和从公立学校把宗教分离出来，但美国国会却从未支付教育费用的大部分，州和当地的纳税人负担着公共初等教育超过90%的费用，联邦支出从未超过10%。类似地，在高等教育的支出中联邦支出却也从未超过15%的份额。[2] 一个州内学区间的不平等，是否违背了美国宪法第十四修正案和许多州的法案中保证的法律平等保护的精神。美国最高法院裁定，一个州内各学区财力的差异导致每个学生平均的教育支出的不平等，不违反第十四修正案平等保护条款。依据美国宪法，州政府没有职责去平衡州内的教育资源。然而近年来，在对自己州法律文本的理解基础上，州法院已经开始干预学校财政，以确保不同学区之间的平等。这最早从加州最高法院开始，它明确要求州内拨款用于帮助

① ［美］托马斯·R. 戴伊著，彭勃等译：《理解公共政策》（第十版），华夏出版社2004年版，第120页。

② ［美］托马斯·R. 戴伊著，彭勃等译：《理解公共政策》（第十版），华夏出版社2004年版，第116页。

各学区平衡教学资源，许多州的法院也强制出台平衡州内资金的法案以解决不同学区间财产税收上的差异。州法院对平等的要求主要建立在州的宪法规定的公平权之上。为了在社区间获得公平的教学资金，州法院敦促以州的一般收入替代地方的财产税作为教育资金提供来源。①

从我国政府财政对教育领域的投入体制来说，中央和省级财政基本上只负责所属高等院校的教育经费需要，对义务教育投入责任不明确，投入的随意性较大，从而导致义务教育的投入资金不足，这是造成基础教育各地发展水平极大差异的制度根源。在1985 年的《中共中央关于教育体制改革的决定》中，没有对中央财政对义务教育的责任作出明确具体的规定，从而使中央财政在某种程度上游离于义务教育投资之外，只需作些专项补助，而无需经常性的投入。而且，中央财政对义务教育的资助明显带有临时性的特征，不管其投资力度多大，都不是一项长久的政策性措施，而义务教育是一项长期的必须有充足的后续资金作为保障的系统工程，投资体制的这种缺陷导致了义务教育的后续资金不足。另一方面，义务教育投资主体的重心过低，政府财力资源与义务教育责任不对称。虽然从世界各国的做法来看，大多由地方政府负责基础教育的教育经费（如美国、日本、英国等），但立法保障经费的提供拥有稳定的支持。反观我国现行义务教育投资体制，它把行使义务教育公共投资的责任几乎完全交给了市、县级及其以下基层地方政府，义务教育的公共经费几乎全部来自基层地方财政。在广大农村地区，义务教育的经费分担责任主要在县、乡、村三级，但村一级没有财政，乡一级的财政又非常薄弱。一部分以农业为主的县级财政也缺乏足够的收入来源，投资

---

① ［美］托马斯 · R. 戴伊著，彭勃等译：《理解公共政策》（第十版），华夏出版社 2004 年版，第 121 页。

主体的重心过低，是投资主体的责任与其财政能力不相称，导致农村许多地区尤其是贫困地区义务教育资金严重缺乏。而且随着我国税制改革的深入和中央财政能力的增强，中央财政并未调整其对义务教育的责任和义务，义务教育的投资负担未能和政府的税收能力统一起来，结果出现基层政府力所不及的情况，影响教育投入。

在20世纪90年代的“多渠道筹资”口号下，义务教育投资体制造成了实际运行中的政府投资责任转嫁。“多渠道筹资”的本意是在政府教育投入为主的前提下，广开非财政性教育财源，以增加办学经费，但这一政策在长期的执行过程中，却成为政府避免对义务教育足额投入的借口。由于实行的义务教育投资体制在客观上过分强调人民群众的办学责任，同时缺乏对地方政府投资行为的刚性约束，使一些县乡政府为追求政绩，找理由和机会挤占、挪用、截流或延期拨付教育经费，为了应付上级政府对实施义务教育的检查，又采用乱摊派、乱收费的办法将责任转嫁给人民群众或受教育者，以弥补教育经费的不足和缺口。比如，农村教育费附加和教育集资成为农村义务教育经费的重要来源，但城市居民个人不负担教育费附加，也没有教育集资的义务，这是对农村居民的歧视，是违背教育财政公平原则的，城乡之间在义务教育经费负担方面的差距也违背了教育财政公平原则。这种制度设计加重了农村家庭的经济负担，使教育机会均等原则流于空谈，更直接导致了贫困地区学生辍学率的增加。因此，城乡、重点与普通学校教育差距是现行政策与制度安排造成的。

《中华人民共和国宪法》第十九条规定，“发展社会主义的教育事业，提高全国人民的科学文化水平”是国家的责任。但中央将义务教育的责任推给地方政府，地方政府以“分级办学，分级管理”为由采取放任自流的态度，将义务教育的责任推向市场。以广东为例，广东省委2005年提交的调研报告显示，全省义务教育阶段负债73亿元。而其《政府工作报告》宣布，2005年广东GDP突破两万亿元大关，达到21 701亿元。这个数字已经超过了我国的香港和新加坡。全年人均GDP是23 616元，之所以义务教育欠债巨大，在某种程度上可以理解为非不能也，实不为也。另一方面，国家教育部的数据显示，我国财政性教育经费从2002年的3 491.40亿元增加到2010年的14 670.09亿元，8年间增长了4.20倍，年均递增19.8%；预算内教育经费从2002年的3 114.24亿元增长到2010年的13 489.56亿元，增长4.33倍，年均递增20.3%，均大幅超过了同期GDP年均递增水平。但即使这样，也实现不了财政性教育经费占年度GDP 4%的目标。1993年，我国政府颁布实施的《中国教育改革和发展纲要》提出了到20世纪末国家财政性教育支出占国内生产总值的4%这一工作目标，这个4%并不是一个高的标准，只不过是世界上发展中国家当时的平均水平。1986年，我国的这一比重就已达到了3.43%。然而遗憾的是，多年来这一比重却一直徘徊在世界最低水平线上。就在提出4%的目标之后，这一比重不升反降，1995年降到了最低点的2.41%，此后虽然缓慢回升，1999年达到2.79%，2002年达到3.32%，2003年却微降为3.28%；在2004年全国国内生产总值调整后，该年的这一比重又回到了1999年2.79%的水平。从2005年起，该指标才开始以较明显的速度回升，2006年为3.01%，2007年3.22%，2008年3.48%，2009年3.59%，2010年3.66%。

要真正实现义务教育的均衡发展则要从财政、税收体制进行改革，最终目的是建立一个符合现代意义的公共财政体制。而从我国目前的公共财政存在的问题来看，有两个突出问题：一是地方政府财政缺口大，特别是县、乡两级政府，影响到了政府的一些基本职能的实现和公共服务的提供，尤其是基础教育、公共卫生、社会保障以及基本的公共设施（道路和水等）的供给；二是事权下放、财权相对集中，造成各级政府间收支不匹配。政府，特别是基层政府，应该向全社会所有成员特别是农村的贫困人口提供最基本的公共服务，如九年制义务教育、基本的卫生医疗、失业救济、基本养老保险等。但是，政府特别是县、乡政府如何才能履行其职责，如何能够增强他们的财政能力，使他们有能力提供上述的服务，做到既公平、公正，又有效率，这是一个值得深入研究的问题。

（三）完善公共教育财政制度，促进基础教育均衡发展

如果说改革开放之初，我们为了在计划经济的坚冰下打开一个缺口而选择了一个不均衡的发展战略，强调“效率优先、兼顾公平”的话，那么在改革后三十多年我们已取得了巨大经济建设成就的今天，我们应该将政策与制度的选择拉回到以公正、公平为首要价值取向的轨道上来。一个和谐进步的社会，一个充满人性化的社会，有责任帮助任何一个没有能力解决自身困难的人有尊严地活着，尤其是义务教育这一关乎每个人发展的问题上，持何种发展态度是考验一个社会和政府是否公正的重要尺度。有学者指出：“现代政府曾是改良者们帮助人们克服困难的最佳工具，这并不是政府唯一的职能，甚至不是其主要功能。政府指导行为也不是唯一的克服困难的手段。但事实是，政府行为是克服困难过程中一个不可或缺的因素。尽管存在着混乱和无序，分崩离析日益严重，政府的作用仍难以否定。政府可通过资源的分配，权利保障的程度和对不同群体之间社会关系的干预加重或减轻灾难。”① 从现代政府的责任和义务来说，按照美国经

① ［美］伊曼努尔·华勒斯坦等：《自由主义的终结》，社会科学文献出版社2002年版，第11页。

济学家、诺贝尔经济学奖获得者弗里德曼的说法，政府的职能有四：一是提供国防和外交；二是提供公共产品；三是弥补市场失灵；四是为社会弱势群体提供基本保障。义务教育属于公共产品，应当由政府负担全部费用，农民及其弱势群体的义务教育更是如此。义务教育是强迫教育，也是国民教育，是一种培养社会和国家合格公民的教育，即使在市场经济发达的国家义务教育也是国家行为，即政府有责任担负起提供有利于儿童入学的各种条件及机会，人民也同时享有平等的受教育的权利。

当前，中国仍处于经济转轨过程中，许多改革还需要假以时日，需要分阶段实施，不能一蹴而就，但是需要有一些战略性的思考和中长期的制度安排。对义务教育的发展政策也应如此。

教育部于 2005 年 5 月 25 日公布了《关于进一步推进义务教育均衡发展的若干意见》（以下简称《意见》），其中提出了四项措施：制定各地义务教育学校办学条件的“最低保障线”；加强县级政府对区域内教师资源的统筹；逐步建立规范化的义务教育教学质量监测评估体系和教学指导体系；保障弱势群体学生接受义务教育。在这当中，制定办学条件的“最低保障线”是特别值得关注和讨论的积极措施，也是实现义务教育公平的最低要求。按照《意见》的规定，凡是低于标准的学校都要尽快达到要求，逐步缩小学校之间办学条件的差距，保证辖区内薄弱学校逐年减少。坚持义务教育阶段公办学校免试就近入学，不得举办或变相举办重点学校。要采取有效措施遏制义务教育阶段择校之风。义务教育长期存在着不公平问题，经费不足并不是最重要的原因，更重要的原因是“政绩型”教育发展模式，以及由此导致的教育资金分配不平衡。也就是说，在有限的经费条件下，在有限的任期约束下，有关部门主要是从如何显示政绩的角度来看待义务教育的。从这样的考虑出发，先办成几所“中心”学校、“重点”学校、“示范”学校、“窗口”学校，就成为行政逻辑下的最佳选择。这样的选择被冠以“集中有限资源办大事”之类的说辞，显得更加冠冕堂皇。当然，这样的冠冕堂皇是以许多学校、教师和学生被“边缘化”作为代价的。“最低保障线”的积极意义在于从“政绩型”的发展模式转换为“权利型”的发展模式——在原来的政策下，让一部分学生先得到超常的教育，被看作是政府的政绩；而在现在的规定下，如果有任何一部分学生受教育的权利不能得到保障，就是政府的失职。

另外一个环节是在所谓“择校”问题上，政府要坚持公共领域与市场领域的区分。使用公共财政的义务教育是公共领域，在这个领域中，公平地对待所有人的受教育权利是基本的原则。“择校”冲动的产生不是家长的不理性，而是政府在公共领域中行为不公产生的后果。应当强调所有的学校在办学条件方面基本公平，只有做到这一点，寻求更好教育条件的需求才能在市场领域中被满足。

在这里所谓“名校办民校”的做法应在制度层面进行纠正。虽然2004年开始实行的《民办教育促进法实施条例》里允许公办学校参与举办民办学校，但用公共财政堆积出来的“名校优势”，即使有历史原因，终究也不是公平得来的。如果任由这样的优势转化为一部分人的“垄断利益”，那就是鼓励了双重的不公平。现在的情况是，公办的学校在收取择校费方面，有越来越严格的约束。但是以“办民校”的名义收费，则是一种“曲径通幽”的方式。这种故意混淆“公营”与“私营”界线的做法，如果不能制止，依然是教育不公的一种表现。

在城市民众为义务教育阶段择校现象的盛行无可奈何的同时，另一数量庞大群体——流动儿童的义务教育问题也日益浮上水面，成为这几年的一个热点问题。

随着中国市场经济程度的不断加深以及农村剩余劳动力的大量涌现，从20世纪90年代起，我国流动人口规模在迅速增大。

《中国流动人口发展报告2010》指出：2009年我国流动人口数量达到2.11亿人。[①] 而人口流动的特点也逐渐由分散的、单身的流动向家庭型转变，越来越多的人不再以过去“单身外出”的方式而是以“举家迁移”的形式进行流动。随着流动人口“家庭化”趋势的明显增强，流动人口中14周岁及以下儿童的规模也越来越大，数量高达1 400万人以上。[②] 政府多年来对流动儿童的教育权利问题下发了诸多文件，以期不因身处非户籍地而失掉其受教育的权利。1996年，原国家教委印发了《城镇流动人口中适龄儿童少年就学办法（试行)》。1998年3月，原国家教委、公安部联合发布了《流动儿童少年就学暂行办法》，其中第四条规定：流入地人民政府应为流动儿童、少年创造条件，提供接受义务教育的机会。流入地教育行政部门应具体承担流动儿童、少年接受义务教育的管理职责。第七条规定：流动儿童少年就学，以在流入地全日制公办中小学借读为主，也可入民办学校、全日制公办中小学附属教学班（组）以及专门招收流动儿童少年的简易学校接受义务教育。为此，对解决流动儿童义务教育阶段就学问题进行了较为详细的规定，初步确立了流动儿童教育问题“以流入地政府管理为主，以全日制公办中小学为主”的“两为主”解决思路。2001年，《国务院关于基础教育改革与发展的决定》提出：“要重视流动儿童、少年接受义务教育问题，以流入地区政府管理为主，以全日制中小学为主，采取多种形式，依法保障流动儿童接受义务教育的权利。”这是解决流动儿童义务教育问题“两为主”政策的正式提出。2003年1月，国务院办公厅印发了《关于做好农民进城务工就业管理和服务工作的通知》，提出要“保障农民工子女接受义务教育的权利。流

---

① 新华网，2010年6月26日。

② 段成荣、梁宏：《我国流动儿童状况》，《人口研究》2004年第1期。

入地政府应采取多种形式，接收农民工子女在当地的全日制公办中小学入学，在入学条件等方面与当地学生一视同仁，不得违反国家规定乱收费，对家庭经济困难的学生要酌情减免费用。要加强对社会力量兴办的农民工子女简易学校的扶持，将其纳入当地教育发展规划和体系，统一管理”。2003 年 9 月，国务院召开“全国农村教育工作会议”并发布《国务院关于进一步加强农村教育工作的决定》，其中规定：“城市各级政府要坚持以流入地政府管理为主、以公办中小学为主，保障进城务工就业农民子女接受义务教育。”2005 年 12 月，国务院下发的《关于深化农村义务教育经费保障机制改革的通知》中指出：“进城务工农民子女在城市义务教育阶段学校就读的，与所在城市义务教育阶段学生享受同等政策。”2006 年 9 月，生效的新义务教育法也明确规定：“父母或者其他法定监护人在非户籍所在地工作或者居住的适龄儿童、少年，在其父母或者其他法定监护人工作或者居住地接受义务教育的，当地人民政府应当为其提供平等接受义务教育的条件。具体办法由省、自治区、直辖市规定。”

但从实践效果上看，“两为主”政策在实施中并不如意。究其原因主要有下面几个因素：①义务教育财政管理体制的制度设计滞后于社会体制的变迁。我国流动人口的规模越来越大，但义务教育的财政资金供给体制却与此不相适应。由于实行“分级办学、分级管理”教育体制，教育经费是按户籍学生数下拨的，流动儿童的增多给流入地义务教育造成很大压力。许多地方以义务教育为地方公共产品为由，利用户籍制度为流动儿童入学设置障碍。“以流入地政府为主”的流动儿童义务教育经费投入机制，搁置了中央、流入/流出地省、市政府的流动儿童义务教育经费投入与管理职责，把流动儿童义务教育事权完全下卸至流入地的区（县）政府，政府间责任权利不对称，使流入地政府缺乏为流动儿童提供义务教育服务的动力。目前我国流动儿童多聚居于城市的城郊部，[1] 而这些郊区（县）自身的财政能力、学校规模和教师数量都难以满足日益增长的流动儿童义务教育需求，依靠这些地方政府的财力根本无法实现流动儿童义务教育经费保障目标。因此，我们必须避免办学管理权力的下放演变成办学责任的下放。②城乡二元化制度壁垒。1958 年 1 月，我国第一个户籍管理法规——《中华人民共和国户口登记条例》正式颁布。《条例》不仅将户籍管理首次纳入了法规轨道，并且正式确立了户口迁移审批制度和凭证落户制度，首次以法规形式限制农村人口迁往城镇。《条例》规定：“公民由农村迁入城市，必须持有城市劳动部门的录用证明、学校的录取证明，或者城市户口登记机关的准予迁入证明，向常住地户口登记机关申请办理迁出手续。”这表明，政府限制农民进城的二元户籍制度开始以立法形式正式确定下来。这一条例半个多世纪以来深深影响着中国社会的方方面面。它将城市与农村划分为两个在权利、社会福利保障上不对等的社会集团，造成城乡二元社会结构，包括教育上的二元结构。1979 年以后，户籍制度限制人口流动的功能不断弱化，农民虽然可以自由进入城市，但是户籍制度依然对农民的身份、就业、教育、生活水平等起到限制作用。由于我国的户籍制度与一定的社会福利与权益相关，因此造成没有流入地户口的人口无法享受与城市人口相同的机会与权利。在职业准入、子女上学等方面对非户籍人口还有相当的限制。流动人口随迁子女上学难问题是户籍制度影响的结果，没有现居住地户籍或离开户籍所在地的适龄儿童在流入地很难得到同等的受教育机会。[2]

---

① 易承志：《进城务工农民子女教育问题的政府治理——以上海为个案》，《华中师范大学学报（人文社会科学版）》第 46 卷第 6 期。

② 相当多地方规定：流动儿童若要免费入读当地公立学校，则需要提供父母双方的户口本、租房合同、劳动合同、社会保险证明、户籍地学籍证明、计划生育证和健康检查表等证明文件才可以，否则就需要交纳一定数量的借读费才行。

虽然原有的二元经济结构已逐渐解体，农民工不受户籍的限制实现了合理流动，但是，义务教育管理经费划拨方式却没有进行相应的调整，这样就出现了城市政府限制甚至拒绝流动儿童入学的现象。各级地方政府只对户籍在本地的适龄少年儿童承担义务教育责任，至于外来人口子女，由于其户籍不在本地，所以流入地政府不需要承担强制性义务和责任。而流出地政府虽然负有承担提供义务教育服务的法定义务，但由于鞭长莫及，也难以解决从本地流出农民工子女的义务教育问题。

因此，为了实现基础教育均衡发展，必须结合国家行政及财政体制改革：

其一，改革户籍管理制度，促进二元化社会结构变迁。[①] 中国目前延续半个多世纪之久的户籍管理制度，其实是适应中央计划经济体制的一种遗留。各国社会变迁的历史告诉我们，城市化进程、人口自由迁徙是一个不可阻挡的过程。市场经济体制天然排斥将人口按户籍方式束缚在一地的管理方式，因为那是农业社会的惯性思维。很多人认为，流动儿童的大量涌进将会抢占城市户籍人口的教育资源，会降低城市户籍人口的教育质量，会影响城市普及九年义务教育工作的进程。短时期的确会如此，但一个政府为其民众提供均等、优质的义务教育是其不可推卸的天然职责。任何新的制度规则都会提供不同的制度激励，可以预见的是，当前僵化的户籍管理制度总会在某一天被彻底废除，这方面重庆市的做法值得借鉴。[②] 在具体政策的推行上，可以分步实施，缓步推进，逐步由户籍管理转变为属地化管理，最终取消户

① 山东宣布：从2014年起，山东夏季高考采用“3＋综合”的模式，取消文理分科；逐步统一全省各批次的录取控制分数线，同时允许非户籍考生在山东省参加高考。不过作为高考大省，此举似乎并不具有标杆的意义。

② 《重庆户籍制度改革全面启动　首日超10万人咨询》，《重庆晚报》，2010年8月16日。

籍制。但变革二元化社会结构的方向与理念必须明确。

其二，是要继续深化政府行政体制改革，明晰政府的职能、定位和政府间的职责划分。政府的职能主要包括社会事务的管理、公共服务的组织和提供、市场运行的监管及宏观经济的调节。中央政府应通过宏观政策（货币、财税、汇率等）为社会、经济的稳定和健康发展提供良好的宏观氛围和环境。社会事务的管理、公共服务的组织和提供则主要由地方政府负责。公共财政要从以经济建设投入为主，逐步转向扩大社会功能服务的投入。首先是要改善现有的预算支出结构，扩大教育、卫生、社保的支出比例。目前，国内教育支出只占 GDP 的3%，许多发展中国家这一比例都已达到5%左右。其次是要加大中央和省一级政府在基础教育、卫生医疗、社保等方面的投入。可以通过加大转移支付的力度，或者提高地方政府在分税中的所占比例，保障政府提供上述基本服务。另外，目前正在进行的省管县，乡财政县直管的试点应该可以为减少政府管理层次、细化公共支出责任提供有益的探索。

其三，是通过税收的调整、税制的改革进一步增强地方政府的财政能力。目前，中国地方政府的财政收入主要源自三个方面：税收、收费和中央、省提供的转移支付。在税收方面，1994年，实行的分税制使主要税种和税收收入都集中在中央，地方政府特别是县、乡两级政府所能征收的税种零散，税基薄弱，不确定因素多，因而缺乏一个稳定、有保障、可预见的税源。因此，首先是需要调整和完善现行的分税制度，比如将一些比较有保障的、稳定的税种划归地方政府掌握，如正在讨论的物业税、土地税等。其次是税基共享，扩大地方政府在企业所得税和增值税中的共享范围和比例，提高地方政府财政收入水平，使其能在公共物品支出方面有足够的财政能力。

其四，是要进一步提高转移支付的效率和规范性。转移支付是中央或联邦政府公共财政政策中的一项重要职能，它是解决政府间事权、财权划分不平衡等造成财政缺口、地区间财政差距和满足国内最低服务标准的一项重要政策工具。这在世界各国都很普遍，其基本做法有两个，无条件的转移支付和有条件的转移支付，有不少国际经验和教训可供借鉴。由于我国是一个发展中大国，经济仍处于转轨阶段，地区间差异大，因此转移支付作用明显。1994 年实施的分税制，明确了各级政府间的职能分工，并把大部分的事权下放到省市以下基层政府。支出重点放在地方，这是正确的，因为地方政府比中央政府有明显的信息优势，也比中央政府更能对当地的需要和意愿作出快速和有效的反应。在收入划分上，更多地向中央倾斜也是合理的，因为这能适当增强中央政府的宏观调控能力，并考虑经济的开放性、资源流通性以及推动区域协调发展。但从中长期来看，应该有一套行之有效的机制，来保证转移支付制度的有效和正常运行。目前，国内的转移支付在设计和做法上都存在不少问题：转移制度缺乏透明，没有统一的标准，预算编制由下而上。转移支付资金的拨付主要是来自中央，中央的预算是最后审批的，这就导致了地方政府很难预料能从中央获得多少转移支付，地方政府预算编制困难，也没有约束。最后也造成了转移支付资金缺乏有效的监控和管理。因此，要逐步将目前的应时性的转移支付变成稳定性的、可预见的并有一定标准遵循的做法。比如，建立全国和省的财政能力平衡指标，按照人均财政能力、人口密度、地理条件和人均收入等作为参考，确定全国及省最低人均公共教育经费标准。在人均公共教育经费达不到最低标准时，提供专项教育经费转移支付。

其五，在把公共财政的服务扩大到整个农村的努力中，政府的职责主要应放在以下几个方面：九年制义务教育，基本的卫生医疗，基本的失业救济和养老保险以及必要的公共设施服务。在义务教育方面，现在以县为主的做法，已基本上解决了教师的工资问题。下一步可考虑把教师作为公务员对待，其人员支出列入省和县财政预算。目前还需要解决的是学校的运行费用和贫困地区学生的学杂费问题。对贫困的农村地区可参照人均财力等作为全国和省内教育转移支付的依据。

其六，是政府公共产品和公共服务的提供应采取多种形式和灵活的做法。政府在公共服务提供方面可以采取三种类型：一是监管，政府只需对此类服务项目进行有效的监管，而不用直接介入；二是付费，一些服务可以通过付费的形式外包给非公有制的实体或个人；三是直接提供，政府公共部门直接提供服务，收取少量费用。

第五章

高等教育大众化与制度选择

衡量一个国家现代化的重要指标之一，是这个国家高等教育发展的水平。改革开放后三十余年，我国的高等教育发生了巨大的变化。这些变化与制度的选择和变迁又有何关联呢？制度变迁理论是解释我国高等教育体制改革与结构调整内在驱动力的逻辑起点。

一、20 世纪 80 年代以来中国高等教育体制变迁概况

（一）中国高等教育体制变迁的基本阶段

我国高等教育体制改革一般包括办学体制、管理体制、投资体制、招生与毕业生就业体制、学校内部管理体制等改革，其中，办学体制与管理体制改革是基础。

从 1985 年至今，我国高等教育改革经历了三个阶段：第一个阶段是 1985—1992 年，以 1985 年中央出台《关于教育体制改革的决定》为标志，主要是扩大高校自主权。第二个阶段是 1993—1997 年，以 1993 年公布的《中国教育改革和发展纲要》为指导思想，建设“国家统筹规划、政府宏观管理、学校面向社会自主办学”的新体制，促成学校间基于社会需要的合作办学等。第三个阶段是 1998 年至今，改革重点是理顺教育部、各部委和地方政府在教育管辖权上的关系，促进学校之间的合作与合并，扩大学校规模，实现联合办学、资源共享。在这三个阶段

进程中，高校扩招、高校合并与高等教育的收费是二十多年来高等教育在招生体制、管理体制上的最大变化，也引起了人们的普遍争论。下面我们将从制度变迁与选择的角度来探讨上述问题。

（二）中国高等教育体制改革的制度背景分析

1. 权力下放与办学自主性增强

从《中共中央关于教育体制改革的决定》、《中国教育改革和发展纲要》、《中共中央国务院关于深化教育改革全面推进素质教育的决定》提出的改革要求以及改革实践中，我们能够清楚地看到我国高等教育体制改革的走向：由最初给学校的六点自主权、办学体制和投资体制的多样化等，到 1994 年以后召开的四次全国高等教育体制改革座谈会，再到管理体制上全面解决中央部署高校转制，以及初步实现以省为主统筹高等教育的改革阶段性目标。虽然成因比较复杂，但计划体制国家初期的发展速度显示了其经济增长的实力则是事实。

2. 市场经济体制日趋成熟

从我国“一五”到“二五”（1952—1962 年）以及后三年调整时期的国民经济发展总体水平看，高等教育体制与这一经济体制是吻合的，也是基本适应的。从办学规模效益上看，计划经济是以速度为目标，效益不是主要指标。从供给与需求的角度看，我国是一个资源短缺的国家，总需求大于总供给的状况迫使政府采取控制总供给、按计划配置现有资源的方针，客观上形成了一种总供给满足总需求的均衡框架，但这是一种低水平、低要求的供求平衡。在制度给定的框架下，原先高等教育管理体制和布局结构与计划经济是“协调”的。

但是，随着我国市场经济体制的确立，经济领域的市场化程度越来越高，市场已越来越成为配置资源的基础性手段。高等教育系统的外部环境发生了根本性改变，深受计划经济体制约束的高等教育体制和布局结构遇到了挑战，原有的均衡被打破，突出反映出以下几方面的矛盾：①尽管劳动力市场的分割仍然存在，但由价格支配的劳动力市场和人才流动对毕业生的影响越来越大。毕业生计划配置与按市场价值取向的矛盾日益突出。②所有制结构的调整和企业所有制成分的多样化以及中央政府的放权让利，使部分地区和部分行业迅速发展起来，地区发展的不平衡使原有人才配置的供求体制不再适应。③政企分开，政府机构调整和职能转变使行业管理部门办学的积极性受到抑制，投资力度的下降使这部分学校发展的动力机制减弱。④学校面对市场旺盛的需求和政府力不从心的供给，强烈要求办学自主权和制度创新。维持原有高等教育的体制和布局与经济发展对高等教育人才的需求产生尖锐的矛盾，改革计划体制下的高等教育体制和结构，寻求市场经济条件下的高等教育体制和结构不仅必要而且可能。

当我国已建立市场经济体制并逐步运用市场机制作为配置资源的基础性手段，且市场化程度越来越高时，令人们困惑的是，一方面，对高等教育系统的管理仍然保留着极强的计划经济色彩；另一方面，高等教育系统由于原有体制的约束，面对市场的呼唤又显得无能为力。问题在于，在两种制度环境下高等教育系统的功能具有质的区别：计划体制是一种以供给为约束条件的制度框架，以追求平均化的低水平的均衡发展为目标；市场经济要求高等教育系统是一个有规模效益的系统，是以满足需求并追求高效率发展的动态均衡为目标。其中，系统中主体的激励机制是保障效率的关键，而市场体制提供了这样一种机制。现实中我们看到，制度（高等教育体制）要素短缺带来高等教育主体与新制度框架（市场）间的矛盾冲突。市场经济迫使学校要求有满足发展的自主权，同样，满足日益增长的就学需求也是高校适应市场经济追求规模效益的行为。但是，计划体制框架下的高等教育体制却成为学校要求发展与改革的阻力。因而，解除传统计划约束的管理体制，寻求社会效益和办学效益的统一，就成为高校适应市场经济改革高等教育体制和结构调整的必然要求和内在动力。而在这个过程中，制度的建构与创新则是我们超越旧体制框架的决定性因素。当然，高等教育体制的改革并不是简单地放权就一蹴而就的，长期浸润在计划经济体制下的中国高校还没有做好真正应对市场经济条件下对高等教育的需求准备，而这要与整个国家的人事管理制度、就业制度、户籍制度的改革相配套才能取得成效。

二、从精英教育到大众教育：高校扩招制度生成

制度变迁一般都会从制度环境的变迁开始，继而由引导制度变迁的主导力量发起，改变当时力量对比，从而实现制度变迁。当然，这种变迁要获得大多数民众的赞同才能顺利实施。从新中国成立起，我国高等教育的制度环境应该说有三次根本的制度变迁。第一次是1952年的院系大调整，这次变迁建立了与计划经济相适应的高校体系与学科体系（在管理体制上以条块分割为根本特征）；第二次是1966年6月18日，《人民日报》在头版头条发布“改革高等学校招考办法”的决定通知，从此大陆高校停止统一考试招生十年，整整耽误了一代人才的培养；第三次是1977年恢复高考统一招生，我们以恢复高考作为典型的制度变迁事例来回顾一下。

“文革”结束后，百废俱兴。制度环境的根本变革，使国家在各个方面都面临着制度重建的局面。在高等教育领域面临的就是高级人才断档和极度匮乏的现实。1977年8月2日，邓小平在北京召开了科教座谈会，这是他复出后第一次公开参加的重要活动。在会上，高校的代表针对当时高校招收的工农兵大学生文化基础相差悬殊、质量没有保证的情况，强烈要求推倒当时实行

的“十六字”招生方针，恢复统一高考。所谓的“十六字”方针，就是“自愿报名，基层推荐，领导批准，学校复审”。邓小平同志高度重视，他说：“‘十六字’方针必须推倒，恢复统一高考从今年开始。”会后，教育部立即重新召开1977年度招生工作会议，组织恢复高考的命题班子。这也是为何当年1977年大学生推迟到来年春季入学的原因。[①] 恢复高校统一招生制度应该被理解为精英人物在制度演进中所发挥的作用，这类似于企业家在经济发展中的作用，他们一方面是经济活动的组织者，另一方面是制度演进的推动者。然而，经济学家们高度重视企业家在经济发展中的作用，却相对忽视精英人物对制度演进的影响。出现这种现象的原因，是经济学家过于看重制度的自发演化，因而倾向于在逻辑上排除某些特殊人物对制度演进的影响。事实上，我们很难将制度的自发演化与精英人物的有意识作用截然分开，实际的制度演化往往是这两种力量共同作用的结果。[②] 在中国开始转型建设社会主义市场经济体制的过程里，精英人物对制度变迁的推动确实是必不可少的。而高校在20世纪90年代末的极速扩大招生规模似乎也可看作是一个改变高等教育制度环境的例子。

（一）扩招的制度背景

1999年6月25日，全国各大新闻媒体上“今年全国高等教育招生大幅增加”的通栏标题，引起了社会各界的强烈反响。新中国成立以来，我国高等教育曾经有过三次高速发展，但此次扩招增幅之快、之大应该是前所未有的，甚至可谓世界高等教育发展历史上一个可供后来者认真剖析的标本。从扩招的角度回顾

① 参见刘道玉著：《一个大学校长的自白》，长江文艺出版社2005年版。

② 曹正汉：《精英人物影响社会制度演进的条件和机制——广东省中山市崖口村公社制度个案》，《管理世界》2004年第6期。

我国高等教育事业的发展历程，应该说有过三次大的起落：第一次是 1956 年，招生人数达到 18.5 万人，比上年增长 88.8%，1957 年跌回到 10.6 万人；1958 年以后的三年“大跃进”，引起了第二次大起大落，1960 年招生人数猛增到 32.3 万人，1962 年跌到 16.9 万人，1963 年又跌到 10.7 万人，回到 1957 年的水平；1978 年在“大干快上”的思想影响下，又出现了第三次大起大落，招生达到 40.2 万人，但由于面临许多困难，1979 年又跌到了 27 万人的水平，[①] 那么此次的大扩招，又面临着什么新的背景与情况呢？

1. 高等教育大众化的制度知识引入

自 1973 年美国学者马丁·特罗（Martin Trow）向 OECD 组织提交了著名的《从精英向大众高等教育转变》论文，高等教育大众化理论被世人承认，[②] 之后高等教育入学率就成为衡量高等教育发达程度的重要标尺。特罗认为，美国高等教育发展经历了三个阶段：精英教育阶段、大众化教育阶段、普及化教育阶段。并用高等教育毛入学率作为高等教育发展规模的一个重要指标。他根据美国当时的情况，以高等教育毛入学率 6%、15% 和 50% 作为高等教育发展三个阶段的区间标志。由于我国长期以来高等教育都是实行的精英教育，故每年都有大量的高中毕业生无法升学，直到 1998 年我国的高等教育毛入学率才达到 9.8%，满足不了普通民众强烈的入学需求。

2. 国家实施科教兴国战略的政治需要

随着经济全球化对我国经济的影响，以及加入世界贸易组织对我国经济的冲击和高新技术的飞速发展对高新人才的迫切需求，1999 年春，中国科学院的“知识创新工程”、科技部的国家

---

① 张丽香：《浅析高校扩招存在的问题及对策》，《山东统计》2003 年第 6 期。

② 潘懋元：《中国高等教育大众化之路》，《新华文摘》1999 年第 5 期。

技术创新体系、教育部的《面向21世纪教育振兴行动计划》相继出台。这一方面反映了国家相关部门对知识经济挑战的应战姿态，另一方面也从客观上促成了国人对经济强国、科技领先、教育为本、人才关键的共识氛围。而党中央、国务院在当年召开的第三次全教会则把提高全民素质、培养高新技术人才作为迎接新世纪挑战的重要任务。可以说，高校扩招是这一宏观背景之下为实施科教兴国战略的政府与民众形成共识并付诸行动的一个政策体现。

3. 刺激消费，拉动内需的经济诉求

受亚洲金融危机的影响，我国经济从1997年开始就一直处于有效需求不足的状况，严重制约了我国经济发展。另外，每年因上不了高一级学校的学生特别是300多万高中毕业生又形成新的就业压力。因此，我国政府实施了积极的财政政策，以争取时机，调动一切可能调动的积极因素，摆脱金融危机影响，保持国民经济平稳、健康、持续的发展。一些专家学者，特别是有些经济学者在寻找解决经济困境的对策时，注意到了教育，认为高等教育是刺激消费、扩大内需最有潜力的市场，是扭转当前买方市场、通货紧缩，开拓新的消费领域的有力手段。亚洲开发银行菲律宾总部的汤敏博士回大陆探亲时注意到了这一问题，于是有亚洲开发银行的项目小组提出的一个建议：扩大大学教育是一个可以启动的消费点。如果高校每年扩招30万学生，按一年一个学生消费1万元计算，30万学生实际消费将近30亿。他们认为这样做的好处，一是增加学生在学校中的消费，二是缓解就业问题，三是从远期而言可以培养人才，增强人才国际竞争力。此时，教育投资作为生产性投资，在促进一国经济发展和国民生产总值增长方面的重要作用，以及作为人力资本投资，在社会效益和个人收益方面的作用就凸现出来。从一定意义上看，政府已把此次教育扩招作为解决当时经济困境的措施之一。

4. 满足人们对高等教育需求的教育动因

改革开放以来，我国教育改革的进展不尽如人意。如何满足人民群众对接受更好更高层次教育的需要，如何适应现代社会对人才素质的要求，把学生从应试教育中解脱出来，等等，随着体制改革的深入，这些问题变得越来越尖锐，越来越复杂，越来越为社会各界所关注。要求大力发展高等教育的呼声此起彼伏；近几年各级政府实施素质教育的举措并没有减轻学生沉重的课业负担，“应试教育”怪圈成了教育界的一个顽症；高等教育体制改革受部门体制、财政体制、人事劳动制度、工资制度改革进程以及劳动力市场化程度的制约从而步履维艰。高校扩招显然成为解决上述种种矛盾的一个突破口。

（二）高校扩招效应：制度内外收益

1. 制度内部收益：促进高等教育跨越式发展

“穷国办大教育”是我们国家的现实情况，反映到高等学校就是办学经费和条件严重不足，这也是教育主管部门面对长期以来不断增长的人民群众强烈要求接受高等教育需求而只可以固守“高等教育、稳步发展”而不是“大发展”的主要理由。当然这个理由也使得教育主管部门被列入计划经济的最后一个堡垒，成为人们不断抨击的对象。此次扩招的实施对我国的高等教育发展思路无疑是一种彻底的改革。制订国民经济和社会发展“九五”发展计划之初，高等教育发展的指导思想一直定位在稳步发展和适度发展上，尽管社会上要求增加招生的呼声很高，但基调还是“适度扩大高等教育规模，优化结构，进一步提高高等教育质量和办学效益”。据此，在“九五”时期的前三年，以普通高校为主体的高等教育招生规模分别为 96 万、100 万和 108 万人，在校生由 1995 年的 290 万人增加到 1998 年的 340 万人，招生数和在校生数年度递增速度均为 5.5%。形成的实际就学情况是近

70%的高中毕业生上不了大学，普通高校在学人数占同年龄人口不到6%。政府决策部门根据经济和社会发展形势的变化作出的扩大高等教育招生规模的决策，带动了高等教育发展主导思想的重大变化。过去我们在高等教育发展的思路上，强调“以条件定发展”，扩招的实践给予我们的另一种经验和启示是，“发展同样可以创造条件”。宏观发展政策的把握由“稳步发展”转为“加快发展”，拉开了我国高等教育从精英教育阶段跨向大众化教育阶段的序幕，大大加快了高等教育发展的步伐。使原定“九五”计划所设想的在2010年高等教育毛入学率达到11%的目标在2000年就得以实现。① 而到2010年，高等教育毛入学率已经达到了26.5%。②

2. 制度外部收益：促进了国民经济发展

经济发展需要教育提供优质的劳动力资源。按照人力资本理论，劳动者接受教育不仅可以增加其未来的预期收入，缩小劳动者的收入差距，增加劳动者职业选择和流动的适应性，同时，劳动者质量的提高，可以促进国民经济的发展。然而，我国现有教育资源的严重不足，使我国高等教育的发展不能满足经济发展的需要，教育和经济发展表现为非均衡状态，这严重制约着我国经济的发展。一直以来，我国高等教育现状表现为：一方面，教育需求在不断增加。首先，科学技术和生产方式的不断向前发展，对劳动者的素质提出了越来越高的要求，劳动者接受教育和训练的程度与其未来的预期收入成正相关，所以愿意接受高等教育的劳动者不断增加。其次，由于中国特有的历史发展过程，现在和未来几年正是我国高中毕业生的人口高峰期，即使高校招生比例不变，进入高等学校的人数也将大大增加。再次，由于经济的发

① 参见李守信：《中国高等学校扩招启示录》，《中国高等教育》2001年第18期。
② 见2010年全国教育事业统计公报。

展，人们物质文化生活水平大大提高，人们有了一定支付高等教育费用的能力，也使他们乐于接受高等教育。另一方面，现有教育资源严重不足。第一，我国长期受到计划经济体制的影响，现有高等学校中既有丰富的教学经验又有丰富的实践和科研经验的师资严重不足；第二，长期以来我国教育改革的步伐滞后于经济改革步伐，教育一直被认为是一种政府行为，从而延缓了高等教育市场化的进程，教育的完全政府行为使教育基础设施建设严重不足。高等教育产品供需悖论表现在：高等教育产品是一种特殊产品——高等教育培养出来的劳动者。一方面，高等教育产品的供给不能满足经济发展的需要，社会劳动者中接受高等教育的劳动者比例过小，人口素质的提高不能适应经济发展的需要，教育产品供给严重不足。另一方面，社会对接受高等教育劳动者的认可程度太低，主要是高校毕业生找不到工作，高校毕业生的失业率在不断攀升，教育产品表现为供给过剩。这种表面上的供给过剩和事实上的供给不足之间的矛盾是经济学上违反基本经济规律的特殊现象，我们把它叫做教育产品供需悖论。形成教育产品供需悖论的原因在于高等教育培养的劳动者质量不高，结构不合理，另外，人们对教育的认识存在误差，用人者不能挖掘人才的真正作用，劳动者不愿接受工资不好和环境不好的工作。

3. 制度的延伸效应：推动了教育与经济均衡发展

为了缓解教育资源供需矛盾以及教育产品质量和结构上的不合理，高等学校必须扩大招生规模。高等学校扩招以后，输送的劳动者大大增加，高等教育产品的供给能够从数量上与经济发展要求相适应。同时，高校扩招以后，高等教育的完全政府行为使得政府财政无法负担快速增加的教育费用，政府行为逐渐减少，高等教育更趋于市场化，从而能够形成有效的竞争机制，使得高校培养的教育产品质量得以提高，更适合于经济发展的要求。由于受到市场竞争规律的约束，高等教育产品生产者的行为更趋于理性，教育产品结构更适合于市场发展的要求，高等教育发展，无论是教育产品的数量还是质量都能满足经济发展的需要，并将最终达到教育与经济的均衡发展。

从扩招后数年的实践来看，一方面，扩招使我国高等教育的入学率大幅提高，提前实现了原定2010年的高等教育适龄人口入学率达到15%的目标，为更多希望进入大学的青年创造了机会，直接缓解了升学压力，为中小学教育从应试教育向素质教育转变创造了条件，使大量高中毕业生圆了大学梦。(见表5-1)

表5-1 扩招后普通高校招生概况表

年份	招生人数（万）	比上一年增长幅度（%）	毛入学率（%）
1998	108.4	15	9.8
1999	160	47.4	10.5
2000	220.6	25	11
2001	268	21.6	13.2
2002	320	19.4	14
2003	382.17	19.4	17
2004	447.34	17	19
2005	505	11	22
2006	546.05	8.1	22
2007	565.92	3.6	23
2008	607.66	7.3	23.3
2009	639.49	5.24	24.2
2010	661.76	3.48	26.5

数据来源：根据历年中国教育事业发展公告计算整理。

另一方面，扩招在某种程度上刺激了人们的教育消费，为社会资金流向教育开拓了更宽的渠道，促进了教育事业的发展。扩大招生规模，加快高等教育发展，有利于在发展的进程中解决高等教育面临的矛盾和问题。同时，扩大招生规模，加快高等教育发展，也有利于提高全民族的素质，最重要的是这样做可以提高劳动者的素质，改善劳动力结构水平，为产业结构调整和产品的升级换代打下良好的人力资源基础，从而使“科教兴国”落到实处。高等教育发展迅速，也将促进基础教育的发展。

（三）扩招后的争论：制度创新还是应时之举

当然，今天回顾扩招我们也不必讳言带来的一些争论，人们对高校大量扩招有以下几种担心，应该说这些担心在某种程度上都已成为现实。

1. 扩招的负面效应

（1）学费上涨幅度过快，造成贫困学生失学，引发教育不公问题。

高校招生的大幅度增加，也在一定程度上拉动了高等教育投入的大幅度增长。

一是国家投入国债资金，大规模展开高校基础设施建设。为切实解决高校扩招所需的基础设施条件问题，国家自1999年起已经连续三年累计安排高等教育国债资金达70多亿元，拉动各方面配套投资120多亿元，总计达200亿元的投入，拉开了达1 000万平方米的高校基础设施建设格局，这是新中国成立以来高等学校基本建设投入增长最快的时期。应当引起注意的是，国债资金的总体投向是加强国家基础设施建设，传统上理解是建设能源、交通、水利等重要基础设施项目。利用国债资金发展高等教育的核心意义，是把教育发展纳入了国家重要基础设施建设的范畴，更加突出了教育优先发展的战略地位。同时，教育利用国债资金也是教育资金筹措方式的一种创新，是用明天的钱来办今天的教育，以产业经济的投入方式加快教育发展的重要举措(2000 年后，为了扩建校舍，许多学校从银行贷款或从政府那里购买土地，开始转向从资本市场筹资来满足基建需要)。

二是国家财政采取非常规举措，大幅度增加高等教育经费投入。鉴于教育经费短缺的现实，加之常规财政性教育经费增长难以满足需求，国务院决定从 1998 年起至 2000 年中央本级财政支出中，将教育所占比例每年提高 1%，采取非常规方式加大教育投入。根据高校扩招经费需求加大等因素，国务院又决定将此项措施实施期限延至 2002 年。初步估算，五年间可在常规教育经费增长的基础上，额外增加中央本级教育经费 400 多亿元，其中大部分用于高等教育，有力地支持了高校扩招的顺利实施。但即使这样，高等学校的经费仍然缺口很大。1999 年以后的扩招虽然纳入国家计划，但有关部门并没有承诺扩招部分也按原计划给予财政拨款。只是说“适当补贴扩大招生所需的教育事业经费和必要的基础设施建设经费”，由于当时扩招最主要的目的是扩大社会需求，拉动经济增长，让老百姓能将银行中的存款的一部分拿出来进行教育消费，再加之高等教育等非义务教育要适当引入市场化运作的指导思想大行其道，所以，扩招部分的经费投入，国家补贴部分将不会达到原计划的财政拨款水平，经费问题将主要通过适当提高学费来解决。鉴于我国居民的实际收入和承受能力以及农村和欠发达地区的经济情况，学费的提高必须是稳步进行而且是有一定限度的。如果国家补贴的数量与提高后的学费总量不能与培养一个大学生的每年成本相当，那么，必将使高等学校经费短缺的矛盾进一步加剧。从当时一些省市出台的学费收取标准看，这种矛盾的出现是不可避免的。例如，广东省 1999 年确定的收费标准：“211 工程”学校的收费为本科生每年 3 900 元，较 1998 年增加 30%。但与培养一个本科生高校每年的实际经费支出 10 000 元至 15 000 元①相比，学校还必须想更多的办法创收，以弥补因扩招产生的新的经费空缺。否则，学校的各项工作只能在低水平上运行。这种两难的局面一方面造成大学学费的连年增加（目前高校学费平均 5 000 ~ 6 000 元/年），致使贫困学生失学，乃至到每年 9 月开学前，必激起舆论的激烈反弹，异口同声诟病学费太高。另一方面，高校又有苦难言，由于国家拨款数量不足，高校经费来源途径不多，不收学费将无法运转。据相关研究显示，目前高校所需经费的一半要靠各种途径由学校自筹。例如，1994 年到 2001 年这一时期，尽管财政性教育经费年均增长率达到 13.91%，并且在 1998 年以后每年的增长率都在 20% 以上，但它占整个普通高等教育总经费的比重却在逐年下降，从 1994 年的 82.17% 降至 2001 年的 54.98%，8 年下降了 27.19%；而非财政性教育经费年均增长率为 37.71%，增长速度远远快于财政性教育经费，占整个高等教育总经费的比重逐年上升，从 1994 年的 17.83% 升至 2001 年的 45.02%。1994 年的财政性教育经费为非财政性教育经费的 4.6 倍，到 2001 年这一比率降到 1.2:1，二者已非常接近。② 由于学费标准居高不下，加之就业形势严峻，使接受高等教育成为了一个具有投资风险的选择。如 2006 年 3 月 14 日，重庆市涪陵区招生办公布一条信息：2006 年，该区参加高考报名的应届毕业生有 4 296 人，另有 541 名高三学生没有参加高考报名，占高三应届学生人数的 10% 以上。应该说，这种“弃考”现象一方面说明人们开始对是否接受高等教育有了一种理性的思考和判断，另一方面也说明

① 由于计算方法的复杂及培养成本数据的不透明，社会各界（包括教育部）对高校的生均培养成本都深感困惑，高校本身也说不清楚一个大学生的培养成本到底几何。客观上讲，这是个世界性的课题。

② 刘彦伟、胡晓阳：《20 世纪 90 年代中后期我国普通高等教育经费来源结构的变动》，《高等教育研究》2005 年第 6 期。

由于学费的高昂人们宁愿放弃“天之骄子”的身份而选择提前就业。如果从学费标准和上大学的生活成本以及机会成本的角度思考这一现象，恐怕不难得出上大学的成本之高，已超出普通百姓的承受能力的判断。

但从招生方式来说，由于我国大学招生是按分数线来定的，在录取的时候学生并不会因家庭贫困而被排斥。近年来，按教育部规定，所有高校在新生报到时都要为贫困家庭学生开设绿色通道，让家庭经济困难的新生一律先办理入学手续，然后再根据情况采取不同办法予以资助。大学生因贫困被拒绝入学的，可向教育部投诉。网上报道的个别贫困家庭学生因学费放弃入学机会的情况，绝大部分并非出现在公办高校。客观上讲，自扩招以来，国家、高等院校以及全社会都努力来解决贫困生的问题。经过这些年的努力，我国基本建立了“奖、贷、助、补、减”的资助高校贫困家庭学生的政策体系。例如，从 2004 年起公办普通高等学校中约 5% 的家庭特别困难学生每人每月资助 150 元，共惠及 67 万特困学生。教育部还规定高校必须将学费的 10% 用于资助贫困家庭学生。同时，有关部门改革了国家助学贷款实施机制，原则上按在校生总数 20% 的比例发放助学贷款。随着我国个人信用系统的建立，不按时还贷款可以及时追索，大学贷款到期不还的问题应该会大大缓解。这又可大大提高商业银行与政策银行发放助学贷款的积极性。相信在一两年内助学贷款的范围还会不断扩大，从而在根本上解决贫困生的学习和生活困难问题。

（2）毕业生就业困难，引发新的社会矛盾。

在扩招之初，社会就有毕业即失业的担忧。而到 2003 年，随着 1999 年扩招的第一批学生的毕业，大学生就业问题已经成为整个社会关注的焦点。

据国家权威部门统计，2006 年全国大学毕业生比 2005 年增长 20% 左右，全国高等教育毕业生攀升至 413 万人，比上年增加

75万人。处在金融危机下的2008年的高校毕业生突破500万人，比2007年增长64万人。2009年的高校毕业生则创下了新高，飙升到610万。[①] 放眼世界，各国的就业形势非常严峻，经济实力一直领先的美国、欧洲各国企业纷纷裁员，次贷危机引发的金融风暴也波及我国经济的发展。不少企业纷纷倒闭，特别是一些中小企业；大批农民工迫于城市求职的困难而无奈返乡；实力强大的外资企业和国有大中型企业也开始裁员，并且开始调整和大幅压缩招聘进人计划；不少企业甚至取消了校园招聘计划，使得2009年的大学应届毕业生遇到前所未有的就业寒流。而从就业来看，2007年就有100多万应届毕业生没有找到工作，相当于2001年全部大学毕业生的总数。

2. 扩招负面效应的制度分析

（1）制度变迁内部动力不足，强制性变迁导致内部管理混乱。

经济发展需要高等学校培养出高素质的社会劳动者，而高素质劳动者的培养必须有高素质的师资队伍。高等教育要求教师的学历和学识水平必须达到一定的层次，否则，不但培养出来的劳动者素质不符合现代经济发展的要求，高校本身的学术氛围和层次也不符合社会和经济发展规律。然而，扩招以后许多高校为了短期的经济利益，不顾现有教育资源的限制，盲目扩大招生数量，一大批不符合教学要求的师资被盲目滥用到教学岗位，这也是社会经济发展对人才的需求增加和高校毕业生的社会认可程度低之间矛盾形成的一个重要原因。高等教育是一项系统工程，高等教育的经济效益更大程度上表现在它的社会效益，必须用长远的眼光来看待。师资条件不符合要求的高校不能扩招，高校的招生规模必须和它本身的师资条件相适应。

---

① http：//aiter. javaeye. com/blog/154166。

国家教育部对于高等教育的学科和专业设置的宏观调控，是基于经济发展对于劳动力资源的总供给和总需求来考虑的。一些高等学校为了争夺生源，盲目设置学科和专业，有些高校的专业设置甚至超越了国家教育部的专业和学科设置的范围，出现了大量的重复设置，使教育产品结构严重失衡，一大批高校毕业生无法就业。也有一些高等学校完全不考虑自身教育资源的局限，市场需要什么就开设什么专业，专业盲目市场化，导致大量教师专业不对口，无法保证高等教育质量。

（2）扩招的外部制度环境的缺失。

造成高校毕业生就业困难原因分析：

其一，国内劳动力市场的供给与需求的总体失衡，是造成大学生就业难的主要外部因素。现在我国劳动力市场上的供给出现了新中国成立以来从未有过的“三峰叠加”的态势，即应届大学毕业生大军、农村剩余劳动力转移大军以及下岗职工的再就业大军，共同构成了劳动力市场上的庞大供给流。从应届毕业生的供给角度看，2001 年起我国高校毕业生的数量就开始不断攀升，2001 年为 115 万，2002 年为 145 万，2003 年达到 212 万，2004 年上升到 250 万，2006 年为 413 万，2007 年为 436 万，2008 年为 500 万，2009 年达到了 610 万。10 年净增约 500 万人，并且今后数年还将保持一定的增速。另外，城镇新增就业劳动力也于近年来达到峰值，每年需要安排的就业岗位为 2 200 多万个，而每年新增的岗位为 800 万个左右，供需缺口达到 1 400 万个，此外还有 1.5 亿～2 亿的农村剩余劳动力要逐步向城镇转移，失业人口中的部分还需再就业。这样总体性的劳动力供大于求的局面在短期内无法改变，供求失衡的严峻状况构成了大学生就业难的基本框架。

其二，供给与需求的结构错位构成了大学生就业中的结构性矛盾，进而影响其就业。这种错位主要表现在地理以及行业上，近年来高校毕业生在大中城市就业者占就业总数的80.8%，其中京、沪、津、鲁、苏、浙、闽、粤8个经济较发达的省市就占了57.6%，而在县、镇和农村就业者只占19.2%。另外，金融、贸易、IT等行业成为毕业生的首选而大大忽略了对其他行业的进入，他们还热衷于在大公司、名牌企业中就职而拒中小企业、民营企业于千里之外。不对称的供求结构造成了一种结构性的过剩以及人力资源的浪费。

其三，非智力壁垒的设置是大学生就业中的又一外部制约因素。所谓非智力壁垒就是指有些用人单位并不以学生的现有知识、现有能力来决定取舍标准，而是以从业经验、客户渠道、性别、生源地等因素作为评判标准。从经济学的角度讲，任何壁垒都会给经济主体的运行带来额外的经营管理成本，从而增大市场的交易费用，降低资源配置的效率，影响社会公平。例如，加入WTO后，随着我国服务业的对外开放，大量的外资银行、外资保险公司、大型的外资500强企业纷纷进入中国市场，但他们在绝大部分的招聘广告上都注明需要相关的工作经验、业务渠道、客户网络等非智力要求，这使应届大学毕业生的优势迅速化为乌有。另外，对女大学生的性别歧视，更使她们的就业状况雪上加霜。非智力壁垒的出现使得学生难以进入他们理想的服务业等部门，而这些高端就业部门本该对劳动力大军中的大学生具有较强的吸纳力。总之，非智力壁垒构成了大学生就业中一道难以逾越的制度屏障。

其四，对就业的非理性预期是造成大学生就业难的重要心理原因。经济学上的非理性预期主要是指人们无法在拥有过去情况和经验的条件下，根据经济变量变化的概率或规律性提前调整经济行为，作出适应性的反应。结合我国的情况来看，在传统的精英式高等教育向大众化高等教育转轨的过程中，进入大学与就业之间的联系已日渐松散，读大学并不意味着高的收入以及令人仰慕的职位。但不少学生还无法接受在高校扩招条件下大学生已成为社会大众劳动力的供给者这一现实，仍然一味地以“天之骄子”自居，造成所谓高不成、低不就的局面。

其五，高校“产品”（即指学生）的广泛同质性、无差异性大大削弱了其产品在就业市场上的核心竞争力。从企业经营的角度来看，所谓的核心竞争力就是指企业对人无我有的核心技术的拥有，并且这种技术是不易被他人所模仿的。现今我国各高校的课程设置、教学内容差异不大，相互模仿的多，创新的少，各学校缺少培养特色，使学生的知识结构、能力水平高度趋同，缺少特色。另外，高校对社会热门专业一窝蜂式的招生，既践踏了教学规律，也迅速封堵了这一专业的发展空间。大量的同质产品在几乎同一时间挤入同一市场，该类产品的供过于求也就成为一种必然，新的结构性矛盾又将产生。

（3）扩招的必要成本与效应递减。

从经济学的角度来看，就业状况是由劳动力的需求和供给两方面决定的。需求不旺或供给过剩都会导致就业困难。就需求层面而言，劳动力的需求是与经济发展状况密切相关的，当经济保持快速健康增长时，就业岗位就会相应增加；当经济增长缓慢甚至衰退时，就业岗位也会相应减少。而经济发展状况要取决于国际经济背景，国家的经济结构的调整也会影响就业需求。宏观经济发展状况和经济政策都不是高校扩招所能左右的。不仅如此，扩招本身作为国家启动内需的经济政策之一，通过刺激教育消费带动相关产业发展对国民经济的发展产生了一定的促进作用，扩招还通过推迟毕业生进入劳动力市场，把昨天的就业压力延迟到今天或明天，为宏观经济的调整、发展赢得时间，这些都有利于劳动力的就业。随着我国经济与世界经济的融合，一些传统产业逐渐衰退，另一些新兴产业逐步兴起，在这个产业结构调整过程中，必然伴随着对低技能、低素质人才需求的下降以及对高技能、高素质人才需求的上升。扩招通过增加受教育时间，提高了教育对象的素质、劳动技能和就业能力，有助于弥合这种就业需求上的结构性矛盾。那么，从供给的角度看，扩招导致了劳动力供给的上升吗？劳动力的供给主要取决于出生率，这是由生育观念、国家人口政策等决定的。教育的功能在于提高人口的质量而不会增加人口的数量。不但如此，大学扩招还通过改变人们一些陈腐的生育观念而有助于提高人口素质。目前国家对大学毕业生实施“自主择业、自由就业”的政策，使得就业基本市场化，市场机制已经开始发挥作用。习惯于计划经济机制下的就业观念，许多大学生在市场机制调节的就业市场上反倒有了“失落感”。在“精英教育”时代，高校毕业生短缺，社会精英岗位充足。高校毕业生就业是一种与之相适应的、在社会精英岗位上的就业。进入高等教育大众化阶段后，社会精英岗位与高校毕业生数量相比显得不充足甚至短缺了。高校毕业生整体的就业情况已进入了一个“大众化就业”时代，一部分高校毕业生通过竞争进入社会的精英岗位，同时，必然要有一部分高校毕业生从事与大众化教育相适应的比较低一级的工作。这也是社会发展进步的表现。在高等教育已经大众化的国家，大学毕业生干的也往往是很基层的工作。因此，大学毕业生必须调整就业观和就业期望值，树立大众化的就业观，正确认识自我，认识社会职位要求，找准自己就业的社会定位。

从决策的角度来评价此次扩招，有观点认为“它是在非常规条件下为解决涉及全局的重大与紧迫问题而作出的一项典型的困境决策；它仍然是在原有制度框架下依靠传统资源配置方式推进改革与发展的一个制度安排的矛盾体；它在客观上成为启动新一轮高等教育制度创新的突破口”①。应该说这个评价是中肯的。

① 康宁：《论教育决策与制度创新——以’99 高校扩招政策为案例的研究》，《高等教育研究》2000 年第 2 期。

关于对扩招的总体评价，我们认为应该是利大于弊。一方面，在大规模扩招的同时，高等学校本身也得到迅猛的发展，大学数量从1999年的1 071所增加到2010年的2 358所，大学教师人数也增加了1倍。高中、研究生教育同时也在扩大，高中生在校生也翻了一番，从1999年的1 049.7万人增加到2010年的4 677.34万人；研究生在校生规模从23.35万人增加到153.84万人，扩大了6.5倍。[①] 可以说，大学扩招为今后中国进入更高层次的国际竞争，为自主创新发展奠定了雄厚的人才基础与知识基础。当然，在扩招后数年时间里也出现了一些问题：如对扩招能刺激消费、拉动内需的期望过高，在某种程度上还影响了人们的消费预期。师生比例扩大，学生生活与教学设施一时跟不上去，部分学校的教学质量有所下降等。但我们认为，这些都是影响中国高等教育的次要矛盾。当前中国教育中最大的问题还是我们的教学方式与内容不能适应社会经济的发展。我们的教育还是以灌输知识为主，而不是以培养学生的综合能力、创新能力为主。教育更深层次的问题还在于现在的高考制度和挑选人才的方式。解决这些问题只能靠不断地改革，别无他法。中国的高校正在经历着从量变到质变的过程，而扩招正是大大促进了高等教育的改革。当前在中国高等教育中出现的种种问题，并不能简单地归咎于扩招的方向错了，也不是教育与市场相结合的改革错了，而恰恰是过去计划体制中的弊端还没有完全消除、政府职能转变还没到位、改革还不够完善造成的。虽然教育不能市场化，但不与市场结合的、不为市场经济服务的教育，一定没有出路。

在需求高涨的条件下，扩招政策是一个符合多数利益、代表改革方向的制度创新行为。但是，由于沿袭了传统计划体制下达招生数量的方式以及受双重体制的约束，政策与体制之间的矛盾

---

① 根据1999年、2010年全国教育事业发展公告数据计算整理。

增加。高级专门人才的培养是一个与经济社会需求关系极为密切的领域，在市场体制条件下，它的需求是通过劳动力市场的信号——人才价格反映到需要接受高等教育的人群中来的。因此，社会经济发展的目标和速度以及市场所需求的人才规模、层次、结构和质量决定了高等教育发展的规模、速度、结构和层次，国家应根据社会经济发展与市场需求发布人才需求预测信息，在主要依靠市场配置人才资源的同时实施宏观调控，以解决市场解决不了的问题。这就意味着高等教育的供给规模应依据劳动力市场对未来不同类型劳动力的需求状况，在人力预测基础上提出国家或区域的教育发展规划，并最终由办学主体依法自主实现。这是经济体制改革对高等教育的要求，也是转型期制度选择的必然方向。

而我国高等教育的发展规模和招生规模，通常是按照人口增长与国家经济计划安排的比例和各类教育发展的比例，由上确定往下执行的，学校一般没有自主权。这种制度安排是计划经济的产物。在目前我国总体经济市场化程度已经不低的条件下，依旧选择这种制度安排必然与现存制度环境相冲突。一是计划安排的人才规格和规模与市场需求和学校需求之间存在冲突，有可能造成滞后性影响。从宏观上看，可能引起总量上的结构性失调与局部性的过度教育。短期盲目扩招有可能造成长期隐患，政府“有计划”的扩张行为与未来市场需求能否切合，目前的大学生就业困境似乎给出了一个注脚，当然，扩招的最终影响还需更多的事实才能进行客观判断①。大学的扩招提升了民族的素质，使

① 正如我们常常认为俄罗斯的休克式改革是一种错误的选择一样，同时为中国选择了渐进式改革是更优的选择而沾沾自喜，但笔者并不认为俄罗斯的改革已经失败了，或许这是俄罗斯人民为改革必须付的代价。对中国改革的路径选择和改革成效也许应该置于一个更广阔的历史空间才能更好地判断，这种观点同样适用于对高校的扩招决策。

我国的受教育水平、人力资本水平都上了一个大台阶，其深远影响在未来十到二十年中将更清楚地显现出来。从微观上看，现有的“综合定额加专项补助”的拨款方式把在校生作为唯一的政策参数，在效果上只会刺激高校盲目扩大招生规模以及追求学生层次（硕士、博士）的提高。这样的供给机制只会使学校盯着上级行政主管部门的喜好，而不会真正关注市场对劳动力素质的需求。另外，虽然支配劳动力资源配置的基础主体已经是市场经济，但是，由于学校面对的是一种供给计划与需求市场相背离的制度安排，市场供给信号被政府计划所“取代”。当然，学校在计划招生和拨款方式的制度安排下追求规模与层次得到的暂时收益，但最终会受市场检验，并会因人才培养规格和数量的不当而使未来收益递减。

三、规模与效益诱惑：高校合并制度变迁

（一）历史回顾：高校院系调整与合并

新中国成立初期，我国政府在政治、经济上一切“以苏为师”，在教育体制、学科设置和课程安排上也模仿苏联，主要表现为强调理工科而忽视人文学科。早在1949年底，高等学校已开始在小范围内进行院系调整：北京大学、南开大学教育系并入北京师范大学；清华大学、北京大学、华北大学三校的农学院合并为北京农业大学。1951年4月，取消交通大学管理学校，所属系科分别并入交大工学校、北方交大和上海财经学校；复旦大学土木系并入交通大学；交通大学纺织系与上海纺织工学院、上海工专纺织科合并为华东纺织工学院，等等。中央教育部于1951年11月召开了全国工学院院长会议，拟订了全国工学院院系调整方案，拉开了1952年全国院系大调整的序幕。1952年秋季，以“培养工业建设人才和师资为重点、发展专门学院、整

顿和加强综合大学的方针”为原则，在全国范围内进行了高等学校的院系调整工作。到 1952 年底，全国四分之三的院校完成了调整工作，其中以华北、东北、华东三个地区的调整较为彻底。经过这一调整，私立高校全部改为公立，各院校的性质和任务均较前明确，工科院校得到了发展，综合大学得到了整顿，这使高等学校在院系设置上基本符合国家建设的需要。1953 年的院系调整工作，以中南区为重点，其他地区局部进行。“调整的原则仍着重改组尚未进行调整之旧的系科庞杂的大学，以利于加强与增设高等工业学校和适当增设高等师范学校；对政法、财经院系则采取适当合并集中的做法，以便进行整顿。”据此原则制定的调整方案于“1954 年 5 月 29 日，经政务院第 180 次政务会议原则上批准后，即积极进行酝酿准备工作。其后又经过与各方面往返商洽，方案经过若干修正，至 10 月 11 日由政务院正式颁布，立即实施”。1952 年院系未调整前有高校 211 所，1952 年调整后为 201 所，经 1953 年调整后全国高校总数为 182 所。①

总体来讲，20 世纪 50 年代初期的院系调整有一定的积极意义，它适应了当时的政治和经济建设需求，为我国的工业化建设和科学技术发展奠定了基础，培养了大批专门人才。随着社会主义市场经济体制的逐步建立，原来适应计划经济体制的部门办学体制和单科性学院培养人才的模式，已不适应经济和社会发展的需要。各高校为了适应社会发展和自身生存发展的需要，在追求规模效益的驱动下，从 1992 年开始，进行新一轮的合并。这次合并以 20 世纪 80 年代的经济体制改革、政治体制改革为背景，其目标是调动中央、地方和社会办学的积极性，建立中央和地方两级管理的多元管理体制，以适应社会主义市场经济发展的需

---

① 参见李钢：《大学的终结——1950 年代初期的院系调整》，《中国改革》2003 年第 8 期。

要。这次合并大体分为两个阶段：第一阶段从1992—1999年，是高校体制改革的初步探索阶段，参与合并的高校多为专科学校或成人高校。期间，江西大学与江西工业大学的合并可以说正式拉开了高校合并的序幕。据不完全统计，全国已有31个省市区、50多个部委的600多所高校进行了不同形式的“共建、合并、划转、协作、合作”，有228所普通高校与76所成人高校合并组建为121所普通高校；其中中央部门所属高校划转以地方管理为主的208所（普通高校108所）。通过这些调整，规模效益出现显著提高，如普通高校校均规模从1989年的1 936.83人达到1999年的3 815人，其中校均规模在5 000人以上的高校有253所，教育部所属高校校均规模达到9 666人，中央部门院校为3 951人，地方高校为3 454人；高校生师比从1990年的6.6∶1达到1999年的13.4∶1。[①] 第二阶段是从1999年（在扩招的背景下）到现在，高校体制改革进入了全面推进阶段。1998年1月，李岚清同志在扬州召开的高等教育管理体制改革经验交流会上提出了调整方针，对各部委所属学校进行了三次大的调整，基本解决了部门办学体制问题，高等教育管理体制改革取得了历史性的重大突破。据统计，截至2002年9月，我国先后对500多所高校进行了管理体制调整，实行地方和中央共建；在317所高校开展了校际间的合作办学，形成了227个合作办学实体；先后将708所高校合并组建为302所多学科或综合性的高校。[②] 从此，我国在特定历史条件下形成的与计划经济体制相适应的部门和地方条块分割、重复办学的局面不复存在，中央和省级人民政府两级管理、以省级政府管理为主的新体制基本形成。

① 康宁：《当前我国高等教育体制改革与结构调整的理论基础》，《教育研究》2000年第10期。

② 张芊、庞青山：《建国以来高校合并历史经验的追踪思考》，《现代大学教育》2004年第1期。

表 5－2　1998—2008 年我国高校在校生规模及生师比

年度	1998	1999	2000	2001	2002	2003
生师比	11. 6∶1	13. 4∶1	16. 3∶1	18. 2∶1	19∶1	17∶1
校均规模（人）	3 335	3 815	5 289	5 870	6 471	7 143
年度	2004	2005	2006	2007	2008	
生师比	16. 2∶1	16. 8∶1	17. 9∶1	17. 8∶1	17. 2∶1	
校均规模（人）	7 704	7 666	8 148	8 571	8 679	

资料来源：根据历年全国教育事业发展统计公告整理。

从上表的有关数据分析可知，1999 年以前我国高校的在校生规模数较小，只有两三千人，生师比也比较低。从 1999 年开始，办学规模有了较大发展，在校生规模由 1999 年 3 815 人发展到2008 年的 8 679 人，生师比由 1999 年的 13. 4∶1 变为 2008 年的 17. 2∶1。规模的扩大主要通过两条途径解决：一是通过大规模扩招。但是在大规模扩招的同时，由于片面追求规模效益，忽视办学质量，受到办学资源的局限，最后可能带来规模不经济的局面。二是通过高校合并调整来扩大学校规模。主要是通过优化配置教育资源，挖掘办学潜力，降低办学成本，形成规模效益。从实践上看，这是一条比较经济可行的道路。

始于 20 世纪 90 年代的高等教育体制改革以“共管共建、合并学校、合作办学、协作办学、转由地方政府管理”五种形式为主，以“共建、联合、调整、合并”为方针。与这次高等教育体制改革相配合，1997 年教育部结合中国国情和高等教育改革与发展的实际，在借鉴国外有益经验的基础上，进行了新一轮的本科专业目录修订工作，将本科专业由原来的 504 种调减为 249 种，使本科专业面得到进一步拓宽。总体来看，无论是高校合并、合作还是专业调整，都与 20 世纪 50 年代的院校调整形成了鲜明的对比。90 年代是合学校、合院校、合专业，而 50 年代则是分学校、分院校、分专业。因此，本次合并的一个基本特征是朝综合的方向回归，另一个特征是为了实现高校的规模效益，提高资源的有效配置。

（二）规模效应与组织结构优化：高校合并的制度动因

制度作为各种社会规则的集合，在社会中的主要作用是建立人们互动的稳定结构，降低不确定性。但这种结构未必是有效率的，如计划体制。这恰好能够解释计划经济体制下调整的失利：虽然有调动地方积极性的主观成分，但在原有制度框架下（不需要效率的制度），最终只能以牺牲效率或只能用行政手段换取一种平稳但低效的均衡。因此，制度作为对经济主体的一种约束和调整的规则，也是可选择的。既然当前这一改革的动因源于制度环境的根本改变，那么高等教育体制的选择只能也必须与大的制度化环境相一致。我国制度变迁方式实行的是以政府供给为主的方式，且这一制度创新的大小、过程的快慢不仅取决于参与改革的相关主体的共识，而且首先取决于政府的意志与行为。

20 世纪 50 年代的高校合并是为了适应当时国民经济计划发展的要求，较少考虑到学科自身发展的需要，完全是一种自上而下的政府行为，是在高度集中的领导体制下进行的，并自始至终处于政府的直接领导之下。政府一声令下，全国高校就按既定调整方案和周密的计划安排实施，在非常短的时间内就完成了大规模的合并调整。20 世纪 90 年代高校合并的动机逐渐多样化，既有中央通过合并改革我国高等教育管理体制的宏观决策，也有地方希望通过院校调整发展区域高校的积极性，使高校更好地为区域经济发展服务，许多高校也希望通过合并寻求自身的发展。一些高校最初是希望通过合并扩大学校规模，寻求进入“211 工程”的条件，逐步过渡到能获取更多的资源和优势，进一步提高办学质量和办学效益，这就表明了高校自身谋求发展的动机。因此，对高校而言，出现了由服从政府决定的被动合并，逐步向以学校生存与发展为驱动力的积极主动合并方向发展，高校自我发展意识在逐渐增强，政府主导与学校积极主动合并相结合的局面随之形成。

20 世纪 90 年代的高校合并产生的规模效益和综合实力，为满足社会需求、进一步扩大高校规模奠定了重要的基础。虽然这些调整也会带来一定的调整成本，但是，从改革目的和长远效益来看，教育资源的重组、共享、优化，减少了重复建设，降低了办学的固定成本，提高了学校规模效益。无论理论还是实践都已证明，我国高等教育领域存在规模效益现象，而历经十余年、牵动数千所学校的高等教育体制改革和结构调整的经验与问题不仅是对这一理论的最好诠释，而且自觉运用这一理论继续指导今后的改革和调整仍然不失为一个明智的政策选择。

（三）高校合并的规模经济与规模效益分析

规模经济与效益理论是进行高等教育体制与结构调整的重要依据。如果说从制度层面上分析高等教育体制改革和结构调整是一种宏观角度，且结论是制度与效益有相关性，那么，从规模经济理论分析高等教育体制改革和结构调整则是一种微观角度。分析的重点集中在学校的规模效益现象，即在给定的教育资源及假定教育质量不变的前提下，对学校规模与成本的关系进行考察。1986 年，世界银行及北京大学高教所闵维方、丁小浩等人都对我国高校进行了有关规模效益的理论分析与实证研究，其基本结论为：①我国高校有显著的规模效益现象，影响高校规模的重要因素是生均成本与资源（人力、物力）使用效率；②学校的系和专业规模同样存在规模效益现象，且适度扩大系和专业规模可能比学校规模的扩大更能改善学校的内部效益；③在一定范围内，即不考虑质量因素和不同类别的学校，学校规模扩大形成生师比提高而导致生均成本下降显著，但下降的速率呈逐年递减趋势；④当生均成本一定时，通过扩大规模可以达到质量投入水平更高的目的。规模经济的产生在于规模扩大后不因此导致管理和运行成本的加大，并且不衍生经济缺陷，因此，高校规模经济主要与管理水平的提高、资源（人力、物力）使用效率的提高等因素密切相关。第一，高校组织结构和运行方式由于整体性和不可分割性，具有明显的“制度化同型”特征，因而在与管理资源和运行环节相关的支撑系统上，生均行政管理成本不因为学校规模小而减少。从成本与产出角度看，规模过小会造成生均管理费用相对高和教育总体效益相对低。因此，适度扩大规模能有效提高学校内部管理的水平。第二，教育资源利用的充分性主要体现在即使当学校资源呈现不可分性、整体性和专业性时，也能使教育规模扩大，使教育功能不受影响，则已投入的资源仍可获得百分之百的使用率。这一资源无论是物力资源（教室、实验室、图书馆等）还是人力资源（教师、教辅人员等）都有一个与规模扩大相适应的适度使用效率问题，体现为生均固定成本下降或生师比不断提高，前提是资源使用效率是正效率，即不是处于规模不经济（如当成本一定时，现有资源超负荷，导致教育功能改变，并出现资源使用效率下降）。

从教育的成本构成来看，教育总成本（*TC*）是指特定范围内使用的一切教育资源成本。对于某一所大学来说，教育总成本是指一所大学的办学成本总额。教育总成本等于固定成本与变动成本之和。固定成本是指在一定时间和一定学生数量范围内，成本发生总额不受学生数量增减的影响而相对固定的成本，包括教育占用固定资产，如教室、宿舍、教学仪器设备、体育设施、图书资料等及其折旧费、水电费、维修费，教职工的基本工资、办公费、差旅费等。在某一学生数量范围内，固定成本是不变的，当学生数量发生很大变化（急剧增加或减少）时，教育的固定成本会相应增加或减少，如新建教学基础设施、添置设备、提高工资等。教育变动成本是指教育成本发生额中随学生数量增减而变动的那部分费用，包括教职工的奖金、超工作量报酬、兼职或代课教师工资、学生的奖助学金，用于教学和生产实习的材料费、低值易耗费、实习实验费等。在一定时期内，学校的教育总成本与学生数量的比值称为教育平均成本（AC）。它包括教育平均固定成本和教育平均变动成本两部分。由每增加一名学生导致的成本增量称为教育边际成本（MC）。教育成本与学生数量的函数关系可以用 TC 代表总成本，AC 代表平均成本，MC 代表边际成本，n 代表在校学生数量，那么与学生数量之间的关系可由下式表示：

$$TC = f(n) = a_0 + a_1 n$$

$$AC = TC/n = a_0/n + a_1$$

$$MC \approx \Delta(TC)/\Delta n = d(TC)/dn = a_1$$

上式中，a_0是固定成本，a_1 是每增加一名学生所导致的成本增加额，即边际成本。根据西方微观经济学理论，TC、AC、MC 三者之间关系可表示为：

$MC < AC$，学校有规模效益，平均成本随学生数量增加而下降。

$MC > AC$，学校无规模效益，平均成本随学生数量增加而增加。

$MC = AC$，学校规模效益中性，不管学生数量多少，平均成本保持不变。

上述三式用文字可表述为：①当长期平均总成本随着产量增加而减少时，存在规模经济，即规模收益递增；②当长期平均总成本随着产量增加而增加时，存在规模不经济，即规模收益递减；③当长期平均总成本不随着产量变动而变动时，规模收益不变。这一现象在经济学关于规模经济研究中反映为“长期平均费用曲线图”，即U形图（也称马克西—西尔伯斯通曲线）。

从以上三点对照高校合并制度可得出如下结论：

（1）多所学科互补性很强，校区相近的高校合并，能够体现合并的规模效益。

（2）多所学科相同或相似、校区相距较远的高校合并，可能形成规模负效益。主要是由于学科雷同，会造成师资及教学资源在某种程度上的闲置（合并后雷同学科的招生数一般不会超过合并前单独招生数），另一方面又必须增添一些新的办学设施来满足新专业办学的需要；此外，校区分散，就会增加办公费用、交通费用，增加管理的层级和成本。这类高校合并，办学的平均成本（*AC*）和边际成本（*MC*）都会增加，合并的规模效益可能下降。

（3）强势高校与弱势高校合并，规模效益不明显。如果两所或多所实力相差很大的高校合并，实力强的高校的优质资源就难以被弱势高校吸收。相反，弱势高校的有限资源也难以被强势高校所利用。合并后办学的平均成本（*AC*）和边际成本（*MC*）与合并前各自独立的平均成本（*AC*）和边际成本（*MC*）的变化不大。相对于强势高校而言，随着弱势高校的并入，学生人数的增长相当于并入的有效资源的增长，这类高校合并可能不会带来规模效益的改变。

四、教育成本分担：高校收费制度设计理念

（一）高校收费制度变迁轨迹

高等教育收费是高等学校向学生收取的与上学相关的费用，高等教育收费制度则是国家在一定时期内为实现高等教育目标，完成教育任务，对受教育者收取费用的准则性规定。毫无疑问，

高等教育收费制度改革不仅是教育本身发展的产物，也是社会各方面张力综合作用的结果。新中国成立后相当长的时间里，高校是不收学费的，同时，还有助学金帮助家境困难的学生完成学业，毕业生一毕业就具有干部身份，国家包分配工作。这在一个很长的时间里被认为是社会主义优越性的体现。但改革开放后高等教育的招生规模逐步扩大，政府没有足够的财力负担越来越庞大的高等教育；更重要的是市场作为调控高等教育资源的手段逐渐被认同，高等教育作为个人提升自身经济地位、社会地位的重要工具在多元化的社会里越来越有了个人色彩，因而收取学费便是水到渠成的选择了。我国高校收费的变迁经历了下列几个阶段：

1. 免费接受高等教育加助学金时期（1949—1978 年）

1949 年至 1965 年，新中国的高等教育是体现社会主义优越性的福利制度之一，这当然也是与计划经济体制相适应的一种制度。政府为了实现当时所追求的政治经济战略而完全承担起大学教育的全部成本，这些本科以上的中高级人才，作为政府实现其政治经济目标的重要手段，从他们通过高考时起，政府就决定了他们未来一生的发展方向。他们毕业后按照规定进入国家机关或者国有企业为政府服务。在实行“统包、统分、免费入学、毕业包分配”的招生就业制度的同时，经济困难的家庭还可申请人民助学金。1952—1955 年，高等学校学生全都享受助学金，并且全国统一标准。1955 年，《全国高等学校一般学生人民助学金实施办法》规定：“全国高等学校学生资助金由全体享受改为部分发给，凡家庭富裕能自付生活费者不发；凡能自费半数或三分之一伙食者，发给所缺部分；完全无力负担者，发给全部伙食费。”免费接受高等教育加人民助学金政策的推行，适应了当时经济运行与行政管理上的计划和集中的模式。为国家培养了大量所急需的科技人才，为确保国家经济建设计划的顺利实施起到了积极作用，但同时也误导了人们对高等教育本质功能的认识，将高等教育当成一种纯公益性的消费品。

2. 免费教育向收费教育过渡时期（1978—1984 年）

1977 年，中国恢复了中断十年的高校统一招生。随着政治、经济体制改革的全面展开，我国在继续沿袭计划经济体制的同时引入了市场调节。随着经济体制的多元化，用人单位可以在政府人力资源计划之外招聘职工，加上外资、中外合作、私营和乡镇企业的兴起，高校招生时所采取的高度集中的管理和分配方式受到了挑战和冲击。于是普通高校在国家计划招收的公费生和定向生之外，开始招收属于市场调节成分的自费生和委培生。1978 年，出现了我国普通高校招收的自费生，即出现了“收费走读，不包分配”的大学生。1984 年《高等学校接受委托培养学生的试行办法》颁布后，普通高等学校开始招收委培生。这些学生的录取标准比国家任务计划招收的公费生低，但学生自己或其委培单位需要缴纳部分培养费如学杂费。随着招生和收费制度的改革，原来的人民助学金逐步改革为助学金和奖学金两种方式并存。

3. 高等教育收费正式形成时期（1984—1992 年）

1985 年，《中共中央关于教育体制改革的决定》肯定了高校招收自费生和委培生的培养模式，指出高校“可以在计划外收少量自费生，学生应交纳一定数量的培养费”；1989 年，国家教委、物价局、财政部联合颁布《关于普通高等学校收取学杂费和住宿费的规定》，宣布对“按国家计划招收的学生（除师范生外）收取学杂费和住宿费”，当年全国大部分高校开始收取每年 100 元到 300 元的学费；1990 年，原国家教委联合有关部委发出《普通高等学校招收自费生暂行规定》，把自费生完全纳入了国家的招生计划。这一系列的举措从政策上肯定了高等教育应当实施成本分担和成本补偿制度，推动了将国家负担全部高等教育成本的旧体制转变为由国家与个人分担高等教育成本新体制的改革进程。

4. 高等教育高收费常态化时期（1992年至今）

1992年6月，国家教委联合有关部门发出了《关于进一步完善普通高等学校收费制度的通知》，指出“我国地域辽阔，各地经济发展很不平衡，全国制定统一的普通高等学校收费标准和办法，已不能适应改革开放的新形势”。于是全国高等学校开始推行招生收费制度的改革，学杂费占高等教育成本的比例由1992年的4.34%跃升为1993年的12.12%。[①] 从1993年起，部分高校出于教育公平的考虑，开始进行招生并轨和缴费上学的尝试，对所有被录取的学生实行收费上学。1996年的《高等学校收费管理暂行办法》中指出，每年收取学生的学费占年生均培养成本的比例，必须根据经济发展状况和群众承受能力分步调整到位。1999年，《关于深化教育改革全面推行素质教育的决定》中进一步提出了要适当增加学费在培养成本中的比例，同时规定高校收取的学费最高不得超过生均培养成本的25%。随着高校大扩招，学费标准也迅速增加，至2000年高校平均学费已达4 500元（见表5-3）。随后，国家教育部和相关职能部门下发多个文件要求学费稳定在2000年的水平，不许提高。统计显示，高等教育毛入学率从1990年的3.4%上升为2004年19%的同时，大学学费却增加50倍。而同期城镇居民年均收入只增长了4倍，大学学费涨幅10多倍于居民收入增长，年均学费占人均GDP的40%以上（以年均学费4 000元、2004年人均GDP 9 030元计算），而世界平均为5%～10%（公立大学）。很明显，迅速增长的毛入学率的背后，是学生不成比例的高额学费支出，入学率“大众化”与收费不断贵族化齐飞。

---

① 范莉莉：《中国高等教育收费制度改革50年》，《价格月刊》2005年第4期。

表 5－3　1995 年至 2000 年全国高校平均学费情况　单位：元

年份	1995	1996	1997	1998	1999	2000
平均学费	800	1 200	2 000	3 200	3 500	4 500

资料来源：方凡泉：中国高等教育成本分担的政府选择，《高教探索》2003 年第 3 期。

综观我国高校收费的路径轨迹，可以说是随着我国经济体制的改革逐步而加快的。在社会经济、政治因素的影响下，中国逐步走上了强制性学费制度变迁的道路，这种制度变迁是在政府垄断下进行的一种强制性制度变迁。作为垄断者，国家可以比其他竞争性组织以低得多的费用提供这种制度性服务。演变的情况如下：

表 5－4　中国高等教育收费制度的演变及其社会背景（1949—1997）

社会经济背景		高等教育财政	
年份	社会经济结构	年份	高等教育财政的演变
1949—1978	中央集权的计划经济	1949—1978	政府对高等教育实行“统包”
1978—1984	计划经济，结合市场经济	1978	“付费”：自费生
		1983	助学金改革为助学金和奖学金
		1984	“付费”：委培生
1984—1992	公有制基础上有计划的商品经济	1985	确认试验形态的双轨制系统

（续上表）

社会经济背景		高等教育财政	
		1987	助学金进一步改革为奖学金、助学金和学生贷款
		1989	对所有学生实行收费并正式建立“双轨制”系统
1992—	社会主义市场经济	1993	部分高校试行“招生并轨、学生缴费上学”改革
		1997	全国高校基本完成“招生并轨、学生缴费上学”改革

资料来源：Chung. Y. P.，Lu. G. S. “Change in Higher Education in Response to Economic Development in Mainland China” Paper presented at the Annual Conference of the Comparative and International Society in Buffalo, New York, 1998（3）：18～22.

（二）高校收费制度产生的理论基础与动因

1. 高校收费制度产生的理论基础

（1）成本分担理论。

美国纽约大学校长、经济学家约翰斯顿于1986年提出了著名的“成本分担”理论。“成本分担”中的成本是指教育成本，一般包括公共教育的人员费用、学校设施、物资费用、设备费用，以及父母和学生的教育费用，其中直接的个人费用包括学费、其他教育费用和书籍、服装、交通费用等。成本分担主要是指教育成本由各个方面共同承担，一般认为学生家长、学生本人、纳税人（政府）、慈善机构（社会捐赠）以及工商企业为各承担方。以后，成本分担理论逐渐成为世界各国制定高等教育收费政策的重要理论依据。

（2）个人教育回报率理论。

该理论认为，接受教育的成果体现为一种能力的增量，接受高等教育者在未来工作中，能获得较未接受高等教育者更多的收益。高等教育具有较高的回报率，按照“谁受益谁付费”的市场经济原则，受益者应承担所付出的成本，谁从教育中获得的好处较多，谁就应当支付更多的教育经费。

（3）教育产业理论。

1992年，国务院颁布了《关于加快第三产业发展的若干规定》。规定中明确将教育列入第三产业，并强调教育应采用产业式体制，坚持“谁投资，谁受益”的发展原则。这是中国寻求用市场解决教育资源配置的开始。教育产业观点的提出实际上是要将高等教育（非义务教育）与义务教育分开，也就是要将消费教育与投资教育分开。

消费教育是指教育作为一种特殊的劳务，对它的消费可以满足人们对增进德育、智育、体育等方面的需求。教育这种劳务是由多种教育机构和个人供给的。在社会主义市场经济中，有三类教育劳务的供给，而公益性的教育劳务的供给是由政府和非营利性的非政府机构提供的，接受无偿教育消费；非公益性和非营利性的教育劳务供给，是由政府和非营利性的非政府机构提供的，受教育者在消费这种教育劳务时需要支付教育劳务的全部成本或部分成本，供给教育劳务的机构的投资者不从中获得营利；营利性教育劳务的供给，受教育者在消费教育劳务时不仅要支付教育劳务的全部成本，而且使供给教育劳务机构的投资者能获得赢利。从我国的实际情况看，这三类教育劳务的供给都是不足的，我们需要采取各种方式增加教育劳务的供给，同时吸引和鼓励人们增加对有偿教育劳务消费的支出。

投资教育是指教育是一个重要的投资领域，增加教育劳务的供给必然增加对教育的投资。公益性教育、公益性和非营利性教育要由政府和一些非营利性的非政府机构来投资。营利性教育要由非政府机构、民间来投资。以往人们认为，在社会主义市场经济条件下不应该有营利性教育，这是不恰当的。事实上，营利性教育的发展，可以吸纳更多的民间资本投资，营利性教育更有助于其在自我增值的基础上迅速发展。在我国，由于公益性教育劳务的供给严重不足，人们更渴望通过有偿地消费营利性教育劳务来满足其对教育劳务的需求，因此，营利性教育是一个更为广阔的投资领域。

教育是国家或民族生存和发展不可或缺的，具有最高广泛性及战略性，专门从事智力开发培养的特种产业；教育产业的准入是严格限制的，它的开发主体与设立、开发的规格与层次、功能与宗旨、体制与监督、质量检验与认定等，都是国家统一严格控制的；教育产业的投资是风险最低、效益（特别是社会效益）最高的投资，应受到国家的特殊支持和保护；其管理遵循了教育产业的自身特殊性与需要的特种专业性管理，而不是一般的市场化经济管理；教育产业遵循的运行规则是全民族全社会利益神圣化和社会利益的最大化。我们要在观念上区分教育产业与教育福利的不同。教育福利是无偿的、对社会提供的公共产品，而发展教育产业则是一种考虑投资回报的投资行为，讲求投资与收益的关系，因此，不能阻止发展教育产业对于投资回报要求，教育产业应该有应有的投资回报。

2. 高校收费制度产生的现实动因

从国际上看，进入20世纪80年代后，高等教育私有化开始兴起并迅速地发展起来。这一转变主要体现在以下三个方面：公立院校教育经费中来自私有资源部分有不断扩大的趋势；进一步加强了大学与企业的合作与交流；在规模、声望或影响力等方面，私立院校在高等教育系统的重要性日益增强。20世纪80年代，在世界上许多国家，上述前两个方面表现得比第三个方面更加明显。在各国政府面对高等教育的大众化发展而无力或不愿意提供相应的大量经费时，通过学费、市场调节机制或与企业合作等举措来解决教育经费短缺的问题就变得十分具有吸引力了。随着高校学费的不断攀升以及大学生就业困难的不断浮现，人们似乎找到了一个替罪羊，那就是教育产业化。当扩大教育需求与教育资源稀缺的矛盾因为各种利益的干扰而变得尖锐时，教育产业化就成为首要的攻击对象。但一种理论的现实命运，并不是通过讨论或表态决定的，而取决于现实的社会需求、价值导向和利益博弈。在现代经济发展中，劳动资源越来越成为主导因素。劳动力是一种特殊的、活生生的生产要素，而教育则是培养和造就这种活生生的生产要素的社会组织。所以，教育的发展既可以扩大投资的需求，又能扩大消费的需求，教育的产业性是十分明显的。

在对高校收费争论的过程中，我国在经济发展进程中所坚持的"效率第一，兼顾公平"的提法受到了质疑。由于"公平"是一个很有价值判断色彩的概念，强调效率的学者似乎失去了道德的正义性。其实，公平可以理解为"机会均等"，也可以理解为"结果均等"。如果是机会均等，公平与效率并没有矛盾，因为只有机会均等的自由经济才能达到资源的最优配置，"效率第一，兼顾公平"的更准确表述应该是"机会均等第一，兼顾结果均等"。如果公平指的是"结果均等"，那么效率和公平在一定范围内就是有矛盾的，但"效率第一，兼顾公平"并没有什么错。即使按照罗尔斯的正义论，"机会均等"也比"结果均等"更符合社会正义。如果我们真正关心穷人，就应该把"机会均等"（也就是效率）放在优先地位，比如说给穷人更多的接受教育的机会。诺贝尔经济学奖得主海克曼教授等一些学者最近的研究表明，在中国，教育水平已成为决定家庭收入水平的最重要因素之一。一个农村大学生可以使一家人脱贫。非常遗憾的是，最近有关教育体制改革的争论中，舆论只把注意力放在学费上升给穷人带来的负担上，而忽略了招生数量增加给普通大众提供的教育机会这个问题。1978 年，全国大学共招生 40 万学生；到 2005 年，全国大学招生总数达到 504 万，增加了 11 倍多。我们相信，即使对低收入阶层而言，学费虽高但有机会上大学比学费虽低但没有机会上学要更好。当然，政府和社会有责任帮助解决贫困生的学费问题。要增加教育经费，政府必须增加财政支出，但没有企业缴纳的大量税收，政府的收入从何而来？民营企业今天占据中国的半壁江山，这种欣欣向荣的局面是打破单一的全民所有制的结果。应该说，考察二十多年的教育发展历史，我们看到的事实是："教育产业"是中国教育体制改革一步步合理推导出来的结果，这一结果不应该与教育公共产品属性相混淆。

从国外的经验来看，由于高等教育经费不足是世界性的难题。从数据上看，在市场化和高等教育大众化的影响下，学费、销售、服务和合同收入、捐赠收入等非公共资金已经成为欧美国家高校经费来源的重要组成部分。1993—1996 年，非公共资金不仅占据美国公立高校经费的半壁江山，更是私立高校 70% 的办学资金的提供者。[①] 例如，2005—2006 年宾夕法尼亚大学的大学生总费用（包括学费、杂费、住宿费和膳食费）将增加 5.4%，达到 41 766 美元。很多人为此感到担心，认为这会阻断一部分家境贫寒的学生求学。在宾夕法尼亚大学培养一名大学生的所有费用（包括学费和各种杂费）一年大约是 4 万美元（这一标准通过某个固定公式得出）。[②] 为保证不让一个贫困生失学，

---

① 刘彦伟、胡晓阳：《20 世纪 90 年代中后期我国普通高等教育经费来源结构的变动》，《高等教育研究》2005 年第 6 期。

② 《中国青年报》，2006 年 3 月 21 日。

宾夕法尼亚大学通过两个方面来破解：一是增大财政转移支付。在增加学费的同时，宾夕法尼亚大学的财政资助也随之增长，而且增长的幅度更大。在宾夕法尼亚大学将学杂费提高5.4%的同时，也将财政资助的数额提高了超过8%。另一方面，交纳学费区别对待。如果学生或其家庭有不错的经济条件，那么就由他们自己全部承担培养费用；如果他们没有足够的经济能力，那么由学校通过一些“财政资助”项目为他们支付。对那些最贫困的学生，宾夕法尼亚大学不用他们掏一分钱。创立于20世纪80年代末的学生资助系统为美国高校的长足发展作出了重要贡献。当前，美国联邦政府有两种学生资助方式，纳税减免间接资助方式（主要通过《1997年纳税人减免法案》实施）[①] 和直接拨款方式。这两种资助方式中，学费税资助主要提供给中等收入以上的学生和家庭，而直接资助则主要提供给中等收入以下的学生和家庭。

应该说，当前我国高等教育改革与发展中凸现的一个深层次矛盾，就是教育经费的日趋紧张和不足以及教育经费的需求与供给之间的张力。如何应对当前教育改革与发展中的这个深层次矛盾，进而进行必要和合理的政策选择，是政府和教育管理部门面临的一个严峻挑战。一方面，扩大政府对教育经费的责任，在各级政府的财政中安排更多的教育经费，包括设立各种必要的专项教育经费支持教育的改革和发展。另一方面，深化教育经费体制的改革，不断扩大和构建社会主义市场经济条件下教育经费新的制度平台，拓展教育经费的筹措渠道，并使之制度化和规范化。具体地说，即是在保证政府财政作为教育经费主渠道的同时，对

① 《1997年纳税人减免法案》主要包括“希望奖学金”课税扣除、“终身学习”课税扣除、教育储蓄计划、贷学金利息扣除等内容；带来的主要影响是贫困学生及家庭无法受益，中等收入家庭的学生成为主要的受益群体。

当前的各种教育收费现象进行认真客观的分析和梳理，对一些符合社会主义市场经济要求和教育规律的收费现象，特别是那些具有非常明显个人回报率，以及在教育收益上具有明显排他性的教育活动，或者那些在理论上合理，在实践中也需要成本分担的教育领域及相关活动等，给予制度上的合法性，进而不断予以规范化。

有文章指出："20 世纪 90 年代以来，我国实际上已经形成了高收费公立高校加少量私立高校的高等教育财政模式，这一模式对于近年来我国高等教育的快速发展起了重要的作用，但是学费上涨速度过快，已经使我国公立高等学校的学费超出多数居民的承受能力，严重地妨碍了高等教育公平的实现，因而必须加以改革。"①从对策上而言，首先，政府应公布在不同地区、不同专业高等教育的教育成本测算结果，结合每年物价上涨幅度，给出每年公办高校的学费标准上限，从而让高校学费标准从混沌走向透明，平息民间反弹声浪。其次，完善贫困学生的资助制度。在高等教育阶段，学生资助制度的核心是完善助学贷款制度。随着部属师范大学师范生免费政策的开始推行，以及学生毕业后还款的期限的大幅延长，可以展望政府将更多地承担起学生贷款的财政责任。当然，从根本上说，教育财政的变革是与整个国家税收体制改革紧密联系在一起的，2002 年以前，个人所得税（除利息税）全部属于地方财政收入。2002 年所得税收入分享改革时，在保证各地 2001 年地方实际所得税收入基数的基础上，中央与地方按 5∶5 的比例分享个人所得税收入，2004 年起这一比例调整为 6∶4。中央财政从所得税收入分享改革中多得的财力，全部用于对中西部地区的一般性转移支付，按照公平、公正的原则，

① 王善迈、袁连生、刘泽云：《我国公共教育财政体制改革的进展、问题及对策》，《北京师范大学学报》（社会科学版），2003 年第 6 期（总第 180 期）。

采用规范的方法进行分配，主要用于以下几方面：偿还到期债务，保障行政事业单位职工工资发放，保障地方政权机构正常运转和社会保障等基本公共支出。财政部2007年财政收入增长结构分析报告显示，2007年，企业所得税收入完成8 769.47亿元，占税收总收入的19.2%；2007年，个人所得税收入完成3 185.54亿元，占税收总收入的7.0%。企业所得税和个人所得税合计占税收总收入的26.2%。所得税尤其是个人所得税是从业者在居住地根据相关税法交纳的个人收入所得，随着求职范围流动性的不断加强，大量的非户籍人口将集中居住在大中城市，他们在当地工作、生活，其子女也在当地入学接受教育，从这个角度上讲，个人所得税应当全部留给地方财政，以限定这部分税收收入只能用于提高当地的教育水平（具体到三级教育中如何分配可以按实际情况进行调整），这样政府推行的外来工子女入学问题由流入地解决也可以顺理成章地实现，这也是一个解决财政性教育经费短缺的思路。

随着教育的改革和发展，教育活动的类型已经越来越复杂和多样化，社会经济发展和人民群众对教育的需求类型也越来越多样化。这些不同类型的教育活动和教育需求，需要不同类型的经费基础和制度。如果只用一种教育经费的制度类型支撑如此众多类型的教育活动，完全用公共的教育经费去支持那些外部性不明显并在教育收益上具有很大排他性的教育活动，不仅是不必要的，而且是不合理的。而且，这样在一定程度上还很容易形成一种教育活动本身的多样性与教育经费制度的相对单一性之间的非均衡现象，高等学校本科招生收费制度的建立为教育经费的制度创新与拓展提供了重要启示和方法论意义。在当时的处境下，也可以有两种不同的政策选择：一种是在现有资源和经费制度的框架内，不断增加政府教育经费支出的类型和数量；另一种则是从当时的实际出发，在科学理论指导的基础上，通过试点，逐步拓展教育经费的制度空间，赋予委托培养、代培和自费生形式某种制度上的合法性，进行有效与合理的规范管理，并根据这种新的制度安排，建立所有学生缴费上学的制度。事实证明，在当时的情况下，合理拓展教育经费的制度空间是一种适当的政策选择，它反映和体现的正是一种制度创新，是一种适应社会主义市场经济需要的教育经费的新的制度安排。

第六章 民办教育复兴和发展与制度环境

中国教育体制改革的任务之一，是打破教育垄断，拓展体制外的教育空间，从而使教育成为全社会共同参与的事业，实现教育的多元化和多样化。民办教育打破政府对教育垄断的动力机制是基于私人产权民办学校的出现，这个分析的逻辑与分析经济领域发生的制度变迁的机理完全一致。只有明晰的私人产权才会形成有效的财务和预算约束，同时形成强有力的产权激励和市场竞争激励，才会有足够的积极性通过创新为社会提供差异化的教育服务和持续提高办学效益。民办教育在 1949 年新中国成立不久，就逐渐被接管和改造。在很长的一段时间里，整个中国几乎没有私立学校的存在。这与当时的制度体制是相呼应的，按照新制度经济学的观点，制度环境决定制度安排，当经济所有制只保留国家所有制时，教育作为经济基础所决定的上层建筑的附庸，当然不可能保持任何的独立性，只有暂时退出历史的存在，等待制度环境的改变。本章主要通过民办教育在中国的沉浮来探讨制度变迁与选择对民办教育发展的巨大推动作用。

一、我国民办教育发展及其制度背景

中国是历史悠久的文明古国，私立教育源远流长。远在 2 400年前的春秋时期，孔子等先贤就开始兴办私学。战国时期，形成了以儒、墨、道、法为代表的私学“百家争鸣”的局面。

此后，私立学校在传承中华文明方面发挥了重要作用。新中国成立时，中国的私立教育（民办教育，笔者一直认为民办教育的叫法不伦不类）已经发展到了一个相当高的水平。据统计，当时（1949 年）私立高校有 81 所，占当时全国高校总数的 38.2%；私立中学有 1 467 所，占当时中等学校总数的 48%，学生数 366 000人，占当时中学生总数的 42%；小学数量为 10 000 所，占总数的 3%。[①] 20 世纪 50 年代初的教育重建，一个重要内容是接管、改造新中国成立前遗留下的旧教育。对接受外国津贴、有教会背景的学校由国家接收改为公办或民办。1952 年院系调整时，此类大学基本予以撤并，转为民办的学校全部改为公办。出于稳定社会的需要，对私立学校开始并未取消，而是实行公私兼顾的原则。采取的方针是“保护维持、加强领导、逐步改造”，钱俊瑞在 1949 年 12 月召开的第一次全国教育工作会议上宣布：“在目前条件下，我们对中国人办的私立学校，除极坏者应予取缔或接管外，一般应采取保护维持、加强领导、逐步改造的方针。随便命令停办或接管是不妥当的。我们对成绩优良的私立学校应予以奖励或补助；对纯粹为谋利而设立的私立学校，要予以整顿和改造，使之逐步地能实行新民主主义教育，实行民主管理与经济公开；对经费困难而办理成绩不坏的私立学校应给予补助。”周恩来在 1950 年 6 月 8 日第一次全国高等教育会议上表示：在教育方面，也要“公私兼顾”，政府要照顾私立学校、教会学校的困难，教育部要考虑解决私立学校的问题。但伴随着朝鲜战争的爆发，新中国加快了接管私立学校的步伐。1951 年 1 月 11 日，发布《关于处理接受美国津贴的教会学校及其他教育机关的指示》，接管接受美国津贴的所有学校，而对于接受其他国家津贴的学校，则令其履行登记手续。当时规定，接管接受外

① 陈桂生著：《中国民办教育问题》，教育科学出版社 2001 年版，第 3 ~4 页。

国津贴的学校，或改为公立学校，或改为完全由中国人自办的私立学校。[①] 而对于私立中小学的接管则缘于1952年中共北京市委员会向中共中央的报告：北京市公立、私立中小学中，多数学生缴费困难，生活也较苦，助学金和减免费办学还不能解决问题。1952年6月，毛泽东批示："如有可能，应全部接管私立中小学。"[②] 教育部遂决定将全国私立中小学全部由政府接办改为公立。当时（1952年），全国共有私立中等学校1 412所，教职工3.4万人，学生53.3万人，占全国中学生总数的26%；私立小学8 925所，教职工5.5万人，学生160余万，占全国小学生总数的3%。由此，民间办学、私立教育淡出大陆，而随着1956年社会主义工商业改造的完成，民间办学空间也失去了存在的土壤。

虽然在随后的时间里（1953—1963年），政府反复重申，允许甚至鼓励私人办学，实际上私立学校主要是在南方一些地区的文化补习学校，而在北方农村最多存在一些私塾，私立学校始终一蹶不振。其实这也很好理解，在所有制形式单一的情况下，教育办学体制也只能延续单一的公有制形式，而不可能越雷池一步。再加之人民平均收入水平不高，农民收入更低，举办私立学校既无利可图，又难办出特色，还可能冒政治上的风险，故发展私立教育，缺乏动力。

改革开放后，中国开始实行全方位的改革，公立教育体制的僵化、单一、缺乏效率受到了政府与社会的关注。同时，经济所有制的多元化，促使人才培养标准的多样化。而单一的公立教育不能也没有动力为社会提供多元的教育服务。在这种情况下，消

---

① 陈桂生著：《中国民办教育问题》，教育科学出版社2001年版，第6页。

② 《中华人民共和国教育大事记（1949—1982）》，教育科学出版社1983年版，第59页。

失已久的民办教育和私立教育的重新出现顺应了时代与社会的需要。1982 年 11 月 26 日，彭真委员长在第五届全国人民代表大会第五次会议上所作的《关于中华人民共和国宪法修改草案的报告》中，提出“两条腿”办教育的方针。在同年 12 月 4 日正式通过的《中华人民共和国宪法》中规定，“国家鼓励集体经济组织、国家企业事业组织和其他社会力量依照法律规定举办各种教育事业”，应该算是确立了民办教育的法律地位。但在整个 20 世纪 80 年代到 90 年代初，由于相关方面对民办教育的认识问题尚未解决，故民办教育举步艰难。1992 年邓小平“南方讲话”后，终止了所谓“姓社”、“姓资”的争论，民办教育的发展环境突变，使体制外的教育空间逐渐得以恢复。数据显示，1993 年的民办小学比 1992 年增加了 3. 6 倍，达到了 4 030 所，民办小学的学生入读人数达到 64. 88 万人①。虽然 20 世纪 90 年代打开了民办教育的局面，但由于没有相关法律、法规的规范，在迫使各级教育行政部门穷于应付各种消极后果的同时，也加速催生了有关民办教育的法规出台。1993 年 2 月，中共中央、国务院颁布的《中国教育改革和发展纲要》，指出要“改变政府包揽办学的格局，逐步建立以政府办学为主体、社会各界共同办学的体制”。“国家对社会团体和公民个人依法办学，采取积极鼓励、大力支持、正确引导、加强管理的方针。”民办教育也推进到中、高等职业教育和职业培训领域。然而，国家的民办教育政策一直是保守型的。1993 年 8 月，国家教委发布《民办高等学校设置暂行规定》，对民办教育提出“积极鼓励、大力支持、正确引导、加强管理”的十六字方针，重心实际在“引导”、“管理”。1997 年 8 月，《社会力量办学条例》经过长期的修改讨论终于颁布。该条例肯定“社会力量办学事业是社会主义教育事业的组

① 陈桂生著:《中国民办教育问题》，教育科学出版社 2001 年版，第 16 页。

成部分”；强调坚持社会主义办学方向，坚持不以营利为目的，严格教育机构审批，实行办学许可证制度，“严格控制社会力量举办高等教育机构”，其实际重心仍是在“控制”、“管理”。1999年6月，召开了全国教育工作会议，会议提出要大力发展民办教育。会议决定，在我国第十个五年计划期间，要基本形成以政府办学为主体，公办学校与民办学校共同发展的教育格局。2002年12月28日，《民办教育促进法》颁布，我国民办教育又进入了一个快速发展期。2004年2月25日，国务院第四十一次常务会议审议通过了《民办教育促进法实施条例》。同年3月5日，温家宝总理签署发布了《民办教育促进法实施条例》。《民办教育促进法》的颁布，标志着我国民办教育的法律体系基本建立。这个体系是以《宪法》为母法，以《教育法》为基本法，以《民办教育促进法》为主，由《学位条例》、《义务教育法》、《高等教育法》、《职业教育法》共同组成，同时包括国务院的有关行政法规、教育部发布的部门规章以及各地制定的有关民办教育的地方性法规、地方政府规章等。

民办教育的生机活力，对社会、政府和市民进行了一次思想启蒙，改变了传统观念上认为教育只能由国家来办这样一个传统的思维模式。大家发现，由民间来举办教育，照样可以办得非常好，学校不一定要由政府来办。所谓以政府办学为主体，应该理解成主要是以政府出钱为主。人们现在已经非常明确地认识到，教育是可以由民间来举办的。至2010年，全国共有各级各类民办学校（教育机构）11.90万所，比上年增加了1.25万所；招生1 300.45万人，比上年增加了143.68万人；各类教育在校生达3 392.96万人，比上年增加了327.57万人。其中，民办幼儿园102 289所，比上年增加了12 985所；入园儿童711.63万人，比上年增加了136.94万人；在园儿童1 399.47万人，比上年增加了265.30万人。民办普通小学5 351所，比上年减少了145

所；招生94.72万人，比上年增加了10.70万人；在校生537.63万人，比上年增加了34.75万人。民办普通初中4 259所，比上年减少了72所；招生153.21万人，比上年增加了4.74万人；在校生442.11万人，比上年增加了8.23万人。民办普通高中2 499所，比上年减少了171所；招生80.95万人，比上年减少了0.42万人；在校生230.07万人，比上年减少了0.06万人。民办中等职业学校3 123所，比上年减少了75所；招生113.19万人，比上年减少了14.85万人；在校生306.99万人，比上年减少了11.10万人。另有非学历中等职业教育学生35.97万人。民办高校676所（含独立学院323所），比上年增加了18所；招生146.74万人，比上年增加了6.60万人；在校生476.68万人，比上年增加了30.55万人，其中，本科在校生280.99万人，专科在校生195.70万人。另有自考助学班学生、预科生、进修及培训学生20.61万人；民办的非学历高等教育机构836所，各类注册学生92.18万人。另外，还有其他民办培训机构18 341所，929.78万人次接受了培训①。

二、20世纪民办教育复兴与发展的制度原因分析

（一）公立学校教育弊端日盛

从教育发展的历史来看，私立学校的出现要远远早于公共教育系统，但是在当前几乎所有国家的教育领域，公立学校都占据支配地位。尤其是19世纪工业革命对有知识基础的劳动力需求加速了现代义务教育制度的形成，公共教育体系也是吸收移民、形成共同价值观、融合不同民族文化所必需的。到了20世纪，由政府提供财政支持的公立学校几乎成了各国的一般准则，而不

① 《2010年全国教育事业发展统计公报》。

管这个国家是计划体制还是市场体制。尽管如此，在允许设立私立学校的国家，私立学校在各个教育层次仍然很有竞争力。它们有的部分或全部地得到政府财政和税收政策资助，有的则全部依靠私人资金。

关于私立学校为什么会出现在公共教育系统中的问题，美国学者埃斯特尔·詹姆斯（Estelle James）认为有四个因素，其中两个是影响学校需求的因素，一个是影响供给的因素，还有一个是同时影响供给和需求的政府政策因素。这两个影响学校需求的因素是过度需求（excess demand）和差异需求（differentiated demand）。过度需求发生在政府不能提供充足的在公立学校学习的机会时，这种情况目前多出现在中等教育中。由于强烈的经济动机，小学入学人数增加，小学毕业生的期望升高，这就造成了超过中等公立学校容量的中等教育入学需求。在此情况下，私立学校的兴起满足了这一过度需求，它们为那些无法进入公立学校的学生提供了受教育的机会。多数私立学校需要家庭来补偿教育成本，这给家庭带来经济负担，因此学校也从家庭的支付能力和办学效益出发，希望能以最少的资源来办学。过度需求存在的前提是，虽然一些家庭愿意送他们的子女去优质公立学校，但是他们无法获得这个机会。差异需求指的是家庭有不同于现有公立学校所提供的教育偏好。对一些家庭来说，某些公立学校的教学质量低劣、校风不良的现象令他们不满，他们希望通过高质量的私立学校来满足他们对更高学术标准和道德习惯的要求。通常这类家庭有能力和意愿支付更高的学费，这与那些因无法进入公立学校才无奈转向私立学校的家庭不同。差异需求是指那些想让子女接受公立教育不能提供的，反映他们独特的宗教信仰和文化传统或者价值观的家庭需求。简言之，满足差异需求的学校是指那些与该地区的公立学校相比能提供不同种类教育的学校。在发达国家，影响私立学校供给数量的一个主要因素是非营利组织的存在。这些组织为了从事某项任务，通常是出于宗教原因而提供符合其目的的可供选择的受教育机会。这些学校为学生提供可供选择的受教育机会，并且通常受到创办机构或者教会的资助，以这样的方式来鼓励更多的人进入私立学校。另外，政府对于私立教育的政策如何也会在很大程度上影响私立教育的发展。很显然，政府要是提供补贴，就会鼓励私立学校发展、提高私立学校入学率。同样，政府在多大程度上给予私立学校在课程的设置和准入上的自治权，也会影响私立学校的发展。①

（二）民众对教育的多样化需求

民办教育作为满足人们对教育的差异性需求和过度性需求而存在，这是多样化社会的必然选择。但民办教育的出现首先是一种新的制度建设，作为市场经济的产物，它在生存发展中，就必须接受严峻的优胜劣汰的形式与结果的选择。市场经济是一种选择性竞争社会制度，它的存在一方面保证了人们有足够的选择，满足了人们多样化的生活要求，另一方面，通过比较竞争从而提高社会的整体效率。从这个层面上讲，民办教育的存在具有价值层面的意义。当前各国政府都认为私立学校有重要作用，但是必须符合社会的整体规划。因此，经过深思熟虑而制定的教育政策可以引导民办教育发挥作用，使之符合一个国家的发展目标。总之，民办学校的存在会增加教育的选择，在提高学生成绩方面，在发挥优化资源的配置作用方面给公立学校提供了一个可供参照的标本。由于私立教育与公立教育相比有较大的自由，美国教育历史学家布鲁巴克指出，“私立学校明显的最大好处，除了一定可以不受国家的控制以外，就是能够容纳各种不同的观点。假如

① ［美］亨利·M. 列文著，范皑皑译：《中国教育私营化的机遇与挑战》，《北京大学教育评论》2005 年第 1 期。

一个社会，其教育的进步必须常常根据一般普通人的知识水准，其进步的速度必将有如牛步。从历史上看，教育上很多最重要的进步，多是来自建立与国家教育目标不同的学校的产品”。但与此同时，他也指出私立学校的危险“正是根据其异同，将社会划分为许多阶层”①。而后一点会带来严重的公平问题和社会凝聚力削弱的问题。但是，私立学校的影响很大程度上取决于它的生源和私立学校的类型。特别是在中学阶段，政府扩建中学的速度缓慢，不能满足迅速增加的小学毕业生的需求。在这种情况下，低成本低质量的私立学校的兴起就满足了无法进入公立学校的学生的需求。公立中学招生名额的短缺刺激了民办教育产业的发展，它们为那些因为考试原因而无法进入公立学校大门的学生提供了受教育的机会。这样，民办教育市场就弥补了公立教育机会的短缺，并且满足了曾经首选公立学校却无法进入其中的学生的需要。我们不是要简单地通过民办学校的增加来弥补公立学校受教育机会的短缺或者为对现有学校质量不满意的人提供一种选择机会，而是要设法建立更多的公立学校和提高质量，从根本上解决教育需求问题。民办学校的存在和发展要被纳入整个国家和地区的教育政策规划中，而不是将其看作独立的事件。一些更大的社会目标应该被赋予民办教育，这样才能使民办教育政策的设计符合这些社会目标。

三、当前我国民办教育发展的制度特征及其困境

（一）我国民办教育的制度特征

我国民办教育发展的制度特点是制度资源供给不足、制度安

① ［美］布鲁巴克著，党士豪译：《现代教育哲学》，正中书局 1974 年版，第 105 页。

排不合理。首先，从宏观的规范性规则层面上看，尽管我国自古以来就有民间兴学传统并得到社会的认可，但现代教育的产业属性与教育不能营利的传统认识相矛盾，教育的私人占有属性和营利的合理性还缺乏社会心理和文化基础；其次，从中观的宪法规则层面上看，自新中国成立以来，我国的宪法缺乏对合法私有财产的保护（直到 2004 年通过的新宪法才将“保护私人合法财产”的条款写进宪法），直接影响了关于民办教育机构的产权界定和营利的操作规则的出台；再次，从微观的操作性规则层面上看，涉及民办教育发展的政策法规、管理制度、评估机制等并不完善，对民办学校各方的权、责、利界定不清。制度建设滞后、制度供给不足、制度规则不合理与不明确，直接影响了有志于民办教育的个人和团体的行为选择，这也是目前我国民办教育处于边缘、混乱境地的主要症结所在。导致民办教育的发展环境恶化的另外一些政策，如公立中小学大量举办所谓“民办公助”、“公办民营”之类的“转制学校”，实为非公非民的“假民办”。一些公办高校则举办按照民营机制运行、降低录取分数、实行高收费的“二级学院”（即独立学院）。此类学校同时享受两种体制的好处，造成与民办学校极大的不公平竞争。2003 年 5 月，教育部出台规范和发展高等学校“独立学院”的政策，确定了大力发展独立学院的政策，从而加剧了民办学校的生存危机。此类教育政策中暗含着一种“公办学校通吃”的思维，即通过“三管齐下”——公立高校扩大招生，大量举办独立学院，“收编”水平好的民办学校并将其纳入公办教育模式——大幅度地占据教育市场份额，形成公立学校独大、民办学校难以发展的局面。

另外一类民办学校——城市中的打工子弟学校的命运，突出反映了教育政策的盲点和价值偏差。根据教育部提供的数据，2004 年我国随父母进城的义务教育适龄儿童就达到 640 多万人。

高昂的“借读费”让这些经济状况较差的家庭望而却步，这已成为义务教育普及工作中的一大难题。在城市化的过程中，数量巨大的流动人口教育是在主管部门视野之外的。而以公立学校的办学标准“规范”打工子弟学校，使其沦为“非法办学”将其取缔的管理行为，不仅侵犯了儿童的受教育权利，而且其以“城市中心”的单一办学思维显露无遗。2003 年 9 月，国务院召开的农村教育工作会议，对此作出了新的裁定：以公立学校为主，按流入地为主的原则解决流动人口子女的受教育问题。

在《民办教育促进法实施条例》出台之后，由于公办学校参与举办民办学校的行为合法化，民办教育的市场结构发生重大变化。《民办教育促进法》的出台要求我们在民办教育和公办教育之间实现四个平等：民办教育和公办教育、民办学校和公办学校、民办学校教师和公办学校的教师、民办学校学生和公办学校的学生都具有平等的法律地位。这四个平等的实现就是要以公共教育资源来推动民办教育和公办教育的共同发展。2004 年《民办教育促进法实施条例》颁布之后，在各种利益的驱动下，大量由公办学校举办或参与举办的民办学校大量出现。目前民办教育市场中出现了三类民办学校主体，第一类是原来的民办学校，就是真民办学校，或者叫纯民办学校；第二类是公办学校改制形成的民办学校，或者叫以民营机制运作的、以“国有民营”为特征的民办学校，这类民办学校通常叫做“假民办学校”，它们在很多场合都受到所谓“纯民办学校”和公办学校的抨击；第三类是按《民办教育促进法实施条例》第六条法律规定设立的民办学校，就是公办学校参与举办的民办学校，尽管这一类民办学校在设立和运行规范方面存在种种问题，但是其合法性是毋庸置疑的。这三类民办学校的办学主体，由于它们的背景不同，所拥有的体制资源不同，所以引起了民办教育整个市场结构的变化和市场行为的变化。在这样的一个背景下，原来在最初阶段发展起来的所谓“纯民办学校”受到市场竞争的严重冲击。《民办教育促进法》规定了“人民政府委托民办学校承担义务教育任务，应当按照委托协议拨付相应的教育经费”。在本法的实施条例中规定，“县级人民政府根据本行政区域实施义务教育的需要，可以与民办学校签订协议，委托其承担部分义务教育任务。县级人民政府委托民办学校承担义务教育任务的，应当根据接受义务教育学生的数量和当地实施义务教育的公办学校的生均教育经费标准，拨付相应的教育经费”。如果民办教育举办义务教育，不是政府的协议委托，那么政府也就没义务向民办学校拨款。由此可知，弗里德曼所大力倡导“教育券”计划在中国现行法律下的框架下是行不通的，要实施“教育券”必须有相应的立法。

民办教育发展政策直接体现着政府的意志和价值取向。国家鼓励发展民办教育的初衷是解决教育经费不足、公立教育规模有限与不断增长的教育需求的矛盾，并不是着眼于提高教育领域的效率和竞争力、促进办学模式的多样化。如教育部直到 2004 年才在一年一度发布的《全国教育事业发展统计公报》中，将民办教育发展的情况单独列项，这直接反映出国家对民办教育未给予应有的重视。中央政府及教育主管部门先后在三十多个重大法规条例、决定中提及民办教育的发展问题。从总体上看，民办教育的地位在不断提高，但是这些法规、决定反复多变，随意性太强，政策前后多次自相矛盾，没有形成一套有效的机制和制度。有关部门对民办教育一直持一种矛盾的心态：一方面，需要民间资金支持、发展教育事业；另一方面，又担心民办教育影响整个教育质量，担心一些人利用举办民办教育之机谋取非法利益，影响教育的公益性和社会主义性质。这种心态使得有关部门在发展民办教育上缩手缩脚，提防、控制多于支持、鼓励，民办教育的发展缺乏整体规划和完善的制度保障。民办教育的发展与否、发展快慢在很大程度上取决于主管领导的意愿，主管领导个人的价值取向、态度从某种意义上决定着某地、某民办学校的命运。从另一方面讲，能否享受政府的特殊政策，又取决于民办学校的公关能力、民办院校与主管部门的关系。总而言之，由于缺乏健全的制度保障，这种支持具有很大的不确定性。

民办教育的有关法规、决定内容空洞、模糊，只具有导向性，缺乏操作性，结果使政策无法落到实处。如《民办教育促进法》第五条规定，“民办学校与公办学校具有同等的法律地位，国家保障民办学校的办学自主权。国家保障民办学校举办者、校长、教职工和受教育者的合法权益”。但却没有就如何保障民办学校的地位和权利作出具体、可操作的规定。事实上，民办院校根本没有取得与公立学校同等的地位。在财政资助、教师的职称评定和福利、招生、学生的就业等方面，民办学校与公立学校的待遇相差悬殊，民办学校和师生应享有的合法权利无法得到保障（如民办高校学生不能享受公立院校学生享有的公费医疗、国家助学贷款及假期火车轮船票价半价优待等权利），侵犯民办学校权利的事件时有发生，而法规、条例对侵权行为也没有具体的处罚措施。

由于民办教育的起步较晚，还没有形成一套完整、成熟的民办教育评估体系，于是公立学校的设置标准和评估制度就成为评估民办学校的现成标准。殊不知，民办学校的发展历史、发展环境都远远逊于公立学校，用公立学校的标准衡量民办学校的办学水平和质量，至少在现阶段对民办学校是不公平的。同时，民办学校在办学理念、培养目标、教育对象、课程设置、教学方式方法、管理模式等方面都与公立学校存在较大区别，将公立学校的评估标准不加区别地运用于民办学校的评估，这本身也是成问题的。民办学校的评估标准的制定不仅要考虑教育的共性，也应该考虑民办学校的特殊性及我国民办教育发展的实际状况。由于缺乏针对民办学校的科学、合理的评估体系，最终我国民办学校的办学质量、办学水平还是参差不齐，办学行为也很不规范。

（二）我国民办教育发展的制度困境

1. 与公办教育的不平等的政策待遇

（1）在税收政策方面。

以契税为例：2001 年 9 月，财政部、国家税务总局发布的《关于社会力量办学契税政策问题的通知》规定："由企业事业组织、社会团体及其他社会组织和公民个人利用非国家财政性教育经费面向社会举办的教育机构，其承受的土地、房屋权属用于教学的，比照《中华人民共和国契税暂行条例》第（一）款的规定，免征契税。"国家税务部门制定教育行业的税收优惠，从实际的"税收优惠"看，公办学校基本能够享受国家规定的"税收优惠"，而困扰民办学校的最突出问题便是税务部门向民办学校征收"营业税"。民办学校免征"营业税"的范围仅仅限定在少数国家承认学历的民办高校。一些地方税务部门征税的主要理由是：尽管国家规定民办教育是社会公益事业，民办学校"不得以营利为目的"，但现实情况是，有一批民办学校实际在营利，如果免征"营业税"，就会造成国家税收的流失。

根据《民办教育促进法》的规定，民办学校分为出资人要求取得合理回报的民办学校和不要求取得合理回报的民办学校两大类。《民办教育促进法实施条例》第三十八条进一步规定："捐资举办的民办学校和出资人不要求取得回报的民办学校，依法享受与公办学校同等的税收及其他优惠政策。出资人要求取得合理回报的民办学校享受的税收优惠政策，由国务院财政部门、税务主管部门会同国务院有关部门制定。"可见，两类民办学校从本质上来讲都是非营利的教育机构，其相应的税收优惠政策都应当得到落实。2004 年，财政部、国家税务总局联合发布《关于教育税收政策的通知》中规定："对学校经批准收取并纳入财政预算管理的或财政预算外资金专户管理的收费不征收企业所得税；对学校取得的财政拨款，从主管部门和上级单位取得的用于事业发展的专项补助收入，不征收所得税。”这样一来，因为民办学校是利用非国家财政性经费举办的，其收入不可能纳入预算内管理，也不可能纳入预算外的资金专户管理，因此即使是从事学历教育的民办学校的学费收入也应征收企业所得税。这就使得民办学校与公办学校在所得税的待遇方面存在明显的差距，其是否“纳入预算管理”的附加规定，是没有考虑实际情况的一种不合理条件。

（2）在土地征用政策方面。

《中华人民共和国土地管理法》第五十四条规定：建设单位使用国有土地，应当以出让等有偿使用方式取得；但是下列建设用地，经县级以上人民政府依法批准，可以以划拨方式取得：城市基础设施用地和公益事业用地。从“土地征用”上看，公办学校的建设用地，通常是作为公益事业用地以划拨方式取得的；而民办学校的建设用地，除个别地方实施了零地价划拨，基本上是以出让等有偿使用方式取得的，但在征用土地、立项和城镇建设配套减免方面，享受与公办学校同样的优惠政策。以“公益事业用地”名义征地，可享受政策优惠，但不得改变用地性质；以“商业用地”名义征地，可将土地作为抵押获得贷款，但不能享受相应的政策优惠。

（3）在银行贷款政策方面。

《中华人民共和国担保法》第九条规定：学校、幼儿园、医院等以公益为目的的事业单位、社会团体不得为保证人。《中华人民共和国担保法》第三十七条规定：下列财产不得抵押：“学校、幼儿园、医院等以公益为目的的事业单位、社会团体的教育设施、医疗卫生设施和其他社会公益设施。”从“银行贷款”上看，民办学校与公办学校一样，均不能用学校设施作为抵押获得贷款，但公办学校往往可以凭借学校的品牌、信誉，通过信用担保方式获得贷款，而民办学校由于办学时间短、社会认可度低，目前通过信用担保获得贷款的难度较大。尽管很多地方鼓励金融机构运用信贷手段，支持民办教育事业的发展，但在具体实施过程中，仍面临诸多障碍。一些地方政府在民办学校筹措资金的政策上，力求做到从实际出发，实事求是。广东省顺德市政府曾经作出明确规定：允许教育机构举办者向银行贷款筹措学校建设经费，争取金融部门在国家金融政策范围内的贷款支持，并在最大限度内给予优惠的贷款利率。

(4) 在社会保障制度方面。

目前，企事业职工享受的社会保障主要包括：养老保险、医疗保险、失业保险和住房公积金。从社会保障上看，民办学校教师和公办学校教师参加社会保障的管理部门不同，导致两者之间待遇差异较大。作为民办非企业单位，民办中小学校都要进行民办非企业法人登记，民办学校教师的人事关系主要挂靠劳动局下设的人才交流中心，而公办学校教师的人事关系是挂靠教育局。因而，民办学校教师无法像公办学校教师那样享受事业单位的养老、医疗、失业、住房公积金等保险，而只能以企业职工的身份参加社会保险。目前事业单位与企业的社会保险尚未并轨，人事部门与劳动部门的保障体系尚不统一，作为事业单位的公办学校，获得的财政补贴较高，因而退休后所获得的保额也较高；相比之下，民办学校教师对退休后的待遇问题，有着明显的后顾之忧。《教师法》第三十二条规定："社会力量所办学校的教师待遇，由举办者自行确定并予以保障。"因此，政府只要提供一个准入平台，允许民办学校教师进入事业单位保险序列，至于具体保额上的差额部分，可由民办学校自行补齐。如民办广东碧桂园学校为所有教师提供现有工资的10%留作"退休基金"，以弥补保险的不足部分，这种做法对于稳定教师队伍起到了积极作用。

（5）在收费政策方面。

《中华人民共和国教育法》第二十九条规定：学校及其他教育机构应当履行下列义务：遵照国家有关规定收取费用并公开收费项目。2002 年，国家计委、财政部、教育部联合发出通知，决定在各级各类学校实行教育收费公示制度。学校通过设立公示栏、公示牌、公示墙等形式，向社会公布收费项目、收费标准、收费依据（批准机关及文号）、收费范围、计费单位、投诉单位等内容，便于社会监督学校严格执行国家教育收费政策。从“收费”上看，不论公办学校还是民办学校，都应当严格执行收费公示制度，向社会公布收费项目、收费标准等相关内容。但公办学校和民办学校的收费审核程序应当有所区别。公办学校办学经费主要依靠政府投入，收费应当严格规范，并报经省级或市、县价格、财政主管部门和教育行政部门审核，防止学校出现“乱收费”现象。而民办学校的办学经费完全依靠学校自筹，收费应在某种程度上完全放开，主要通过教育需求市场进行调节，收费的相关内容应报经教育行政部门审核，并报价格、财政主管部门备案并公示。

（6）在教师待遇方面。

这主要反映在民办学校教师的业务培训、职称评定、教龄和工龄计算、表彰奖励、社会活动和教师流动等，是否与公办学校教师一视同仁。

从教师的业务培训、职称评定、教龄和工龄计算、表彰奖励和社会活动来看：民办教育经过十多年的发展，各地对民办教育重要性的认识逐步提高，民办学校教师基本与公办学校教师一样，能够参加当地组织的各种教研活动、参与各种表彰奖励活动以及参加职称评定。重庆市《关于鼓励支持社会力量办学的意见》规定：社会力量办教育的机构，教师与相应的公办学校教师享有平等的权利和义务，教师资格认定、专业技术职务评定由各级人事（职改）、教育、劳动和社会保障部门统一组织实施，与公办学校教师的申报程序一致。

从教师流动看，目前，不管是在公办学校还是民办学校，在自己系统内部已经建立起一种正常的教师流动机制。但公办学校与民办学校之间相互流动的机制尚未形成，从外地流入民办学校的教师，由于受到来自原公办学校的阻力，人事档案往往无法顺利转出。而民办学校又无法为其重新建立档案，使这批教师原有的养老、医疗、失业、住房公积金等福利中断，由于工龄、教龄无法连续计算，这些教师在职称评定过程中面临很多困难。此外，应届师范毕业生到民办学校任教存在一定的阻力。在一些地方，到民办学校任教的应届毕业生属自动脱离教育部门，因而必须向学校缴纳一定数额的“培养费”，这种做法阻碍了优秀师范毕业生到民办学校任教，制约了促进民办学校与公办学校之间教师流动机制的形成。重庆市《关于鼓励支持社会力量办学的意见》规定：“公办学校教师经批准可采取辞职等流动方式到社会力量举办的教育机构任教，教师在社会力量举办的教育机构任教期间，其工龄和教龄连续计算。”温州市出台的《关于加强民办学校教师队伍建设的若干意见》规定：经所在学校同意，由当地教育行政部门审批，公办学校在职教师可到民办学校任教，在用人单位编制许可的前提下，通过试教、考核等程序，由用人单位报县级以上教育行政部门批准。民办学校教师也可到公办学校任教。公办学校教师还可在保留原身份和职级的情况下，到民办学校兼课，享受民办学校福利待遇；民办学校也将建立教师人事代理制度，其教师在专业技术职务任职资格评定、评优奖励、继续教育等方面与公办学校享有同等待遇。

（7）在学生学籍管理上。

主要表现在学生的学籍管理上，包括民办学校学生考试、转学、升学、先进评选和就业等，是否与公办学校学生享有同等待遇。在学生的学籍管理上，民办学校与公办学校逐步接轨，民办学校与公办学校之间的转学、升学渠道逐渐畅通。如宁波市对民办学校的学生学籍管理实施了改革，凡在民办学校初中部就读的学生，既可参加宁波市的初中升学考试，也可回原籍参加考试；凡是经浙江省教育厅批准可跨区招生的学校，其高中毕业生也可在宁波参加高考，但是面向宁波市招生的高职名额，学生不得报考。总之，作为两个平等主体，民办学校与公办学校、民办学校教师与公办学校教师、民办学校学生与公办学校学生应当享有平等地位。建立统一、竞争、有序的制度环境，实现资源的合理配置，促进民办学校和公办学校之间的良性竞争，这是民办基础教育赖以生存和发展的基础，也将成为各级教育主管部门、学校和全社会共同追求的目标。

2. 缺乏合理的回报机制

《民办教育促进法》第三十五条规定："民办学校对举办者投入民办学校的资产、国有资产、受赠的财产以及办学积累，享有法人财产权。"第三十六条规定："民办学校存续期间，所有资产由民办学校依法管理和使用，任何组织和个人不得侵占。"从以上规定看出，民办教育的出资人不能享有其所投入资产的产权，而民办学校只是一个法律意义上的实体，谁来代表学校处理学校的财产则不明确。由于产权界定不清楚，许多民办院校的出资者、举办者出于对自己的资产的关心，同时充当办学者，导致一些营利行为和违规操作的发生。这也是为什么明知不能享有产权但仍然有众多的人愿意投资教育的原因所在。

由于产权关系不明确，就无法解决营利与非营利之间的冲突。《民办教育促进法》删除了"民办教育不得以营利为目的"的条款，同时规定"出资人可以从办学结余中取得合理回报"。这是用"合理回报"回避"营利"问题。实际上，一些民办院校都在暗地里不同程度地变相营利。如有的学校向学生家长收取赞助费，而赞助费不列入学校的账目，将来也不退还给家长；有的学校通过虚增基建成本、日常开支和拿回扣，变相收回投资；或以先期投资购置的土地或建筑作抵押，从银行获得贷款，变相收回投资。这些行为都为民办教育的发展预埋了隐患，一旦学校的经营出现困难，就会产生一系列社会问题。对产权关系的界定不明确、对营利问题的争论不休直接限制和束缚了民办教育的发展，民办教育的办学者缺乏对未来的稳定预期，其办学热情和积极性受到影响。

四、促进民办教育发展的制度建构

（一）保障民办学校和公办学校同等的法律地位

《民办教育促进法》规定："民办学校与公办学校具有同等的法律地位"；"民办学校教职工在业务培训、职务聘任、教龄和工龄计算、表彰奖励、社会活动等方面依法享有与公办学校教职工同等的权利"；"民办学校的受教育者在升学、就业、社会优待以及参加先进评选等方面享有与同级同类公办学校的受教育者同等的权利"。而2004年3月通过的《民办教育促进法实施条例》（以下简称《条例》）更进一步明确了民办学校与公办学校的同等法律地位。《条例》第二十七条规定：民办学校享有与同级同类公办学校同等的招生权。但是，招收接受高等学历教育的学生应当遵守国家有关规定。县级以上地方人民政府教育行政部门、劳动和社会保障部门应当为外地的民办学校在本地招生提供平等待遇，不得实行地区封锁，不得滥收费用。这意味着，除民办高等学校外，凡是政府批准的民办学校，都享有不受地域限制的全国招生权。这是民办教育市场准入方面的一大突破。另外，《条例》第二十九条规定，民办学校及其教师、职员、受教育者申请国家设立的有关科研项目、课题等，享有与公办学校及其教师、职员、受教育者同等的权利。民办学校的受教育者在升学、就业、参加先进评选、医疗保险等方面，享有与同级同类公办学校的受教育者同等的权利。《条例》第三十一条规定，教育行政部门、劳动和社会保障行政部门和其他有关部门，组织有关的评奖评优、文艺体育活动和课题、项目招标，应当为民办学校及其教师、职员、受教育者提供同等的机会。由此看来，民办学校、民办学校的教师以及民办学校的学生都应享有与公办学校平等的权益。

《民办教育促进法》和《民办教育促进法实施条例》的一系列规定，为从根本上落实民办学校的“同等待遇”提供了法律依据，但这毕竟还只是一个抽象的原则，要真正实现这一目标，仍有相当长的一段路要走，面临的困难和障碍仍然很多。这主要表现为迅速发展中的民办教育仍然处于从属、补充的地位，其观念障碍主要来自于两个方面：一是长期以来视教育为特殊领域，政府办学是唯一途径，对民办教育办学者能否坚持教育事业的正确方向这一点信心不足，由此衍生出对民办教育的种种不信任，甚至对民办学校采取一系列限制措施；二是立足于民办学校的现有数量和规模，将发展民办教育仅仅看作是在扩大教育资源上对公办教育的补充。事实上，民办教育发展到今天，其意义绝不仅是弥补教育资源的不足，而是致力于形成教育的竞争机制。通过竞争促进教育的高效率和高水平，促进教育的多样化和丰富性，增加受教育者的选择性。民办教育是国家教育体系中不可缺少的组成部分，缺少民办教育的国家教育体系是不完整的，离开民办教育，构建终身教育体系和学习化社会的理想也将难以实现，发展民办教育是加快我国教育事业发展的必由之路。

民办教育的存在增加了国民受教育的机会，拓展了公共教育资源，使民众有了选择权，因而具有划时代意义。但当前对民办教育的理解认识还有待厘清。民办教育究竟是政府财力不足的过渡性产物，还是中国教育发展的必然要求，民办教育对中国教育发展和社会发展的价值地位等问题始终没有最后解决。这种认识上的模糊不清就导致在制度安排上彼此矛盾，让人无所适从，从而限制了民办教育的健康发展。比如，《民办教育促进法》已经提供了民办教育发展的基本法律框架，但它与《教育法》的相关规定不符（主要是在“营利与否”和“合理回报”之间的摇摆），而《民办教育促进法实施条例》也存在与《民办教育促进法》不协调的问题（《民办教育促进法》，主要是其中并未规定名校可以办民校，而后来出台的“实施条例”却对此有所涉及，这显然是对《民办教育促进法》本身的突破，也就为“名校办民校”带来了法理上的挑战）。此外，在学校产权归属方面、税收优惠和投资鼓励方面、中外合作办学方面、民办学校教师身份认同等多方面都存在着不清楚、不协调、不一致的问题，导致政策环境不稳定、政策信息不对称、政策执行不公正，极易诱发民办学校短期行为。

第一，作为制度供给者——政府首先必须高度重视民办教育发展的制度环境建设，增加制度供给，尤其是应尽快出台配套的法规及管理制度，进一步调整和完善不合理、不明确的制度安排，理顺涉及民办教育各方的权利和义务关系，增强制度的有效性和权威性。如果法制健全、制度供给不足，领导作风、长官意志就会填补因制度供给不足而留下的真空。而不明确的制度不仅会使制度贯彻实施的效果大打折扣，而且会导致机会主义的产生。因此，必须增加必要的制度供给，改革和完善不合理的制度安排，提高制度的有效性和权威性。制度经济学认为，有效制度的本质特征是普适性，包含三个准则：①有效的制度应具有一般性，即制度不应在无确切理由的情况下对个人和情境实施差别待遇。②有效制度必须在两种意义上具有确定性：它必须是可认识的，它必须就未来的环境提供可靠的指南。因此，确定性准则意味着，正常的公民应能清楚地看懂制度的信号，知道违规的后果并能恰当地导引自身的选择。③制度应当具有开放性，以便允许行为者通过创新行动对新环境作出反应。[1] 普适性意味着无人能高踞于法律之上，违背普适性准则一般都会削弱对规则的服从，并因此而削弱制度的规范性、协调性品质，因此，普适性意味着对所有人的程序平等。国家对民办教育的定位直接关系到民办学校的发展前景和命运。明确界定民办学校的性质和法律地位是制定民办教育政策的关键所在。民办学校究竟属于与公立教育机构相对等同的部门，还是无营利目的的第三部门，如同慈善机构、非营利性的基金会一类组织，抑或等同于照章纳税的工商类组织，这是首先应该予以澄清的。公益性和市场化之间的矛盾关系一直影响着民办教育的发展。当务之急是在营利性与非营利性之间作出明确区分，为非营利性民办学校提供与公立学校同等的政策，严格限制营利行为；对于营利性民办学校，承认其营利行为和追求利润的合法性，按照营利性工商企业的管理办法和有关法规对其办学行为加强监管，以保证教育质量和受教育者的利益。产权制度是民办教育制度环境的核心，应进一步明确民办学校的财产归属。完善民办高校的产权制度，以防止因管理者缺位而造成民办学校的财产损失。国家应将民办教育的发展纳入国家教育发展的总体规划，作为一种新的办学模式进行鼓励，而不是充当“拾漏补缺”的角色。

第二，在政策支持和法律地位上，应该保证民办学校享有与公办学校同等的身份地位，为民办学校提供一个与公立学校进行公平竞争的制度环境，同时，政府应利用积极的财政政策，向民办学校提供间接的成本补偿和财政资助。民办学校除了在资金来

① ［德］柯武刚、史漫飞著，韩朝华译：《制度经济学：社会秩序与公共政策》，商务印书馆2000年版，第148页。

源方面迥异于公办学校外，在教育目的、教育对象、设置标准、考核评估等方面与公办学校并无不同，理应享受与公办学校同等的政策待遇。事实上，民办学校在财政资助、职称评定、福利、招生就业等方面都无法享有公办学校的同等待遇。国家的教育资源几乎全被公办学校垄断，这种不平等的政策不仅极大地制约了民办教育的发展，而且也导致国家公共教育资源的巨大浪费。由于缺乏民办学校的有力竞争，加上没有经费方面的危机感，公办学校缺乏创新和变革的激励和动机。鉴于公立学校垄断教育市场的局限性，应打破公立学校“一枝独秀”的格局，充分发挥民办学校在教育服务中的积极作用，以提高整个教育系统的效率。国家应实行积极的民办教育发展政策，遵循“平等、效益”的教育理念，给予民办学校充分的办学自主权，保证民办学校在法律地位和政策上享有与公立学校相同的待遇，维护民办教育的市场秩序，鼓励和保障有序竞争，使民办学校能以较低的成本取得良好的经济和社会效益。此外，民办学校所提供的教育服务具有一定的公益性质，存在较大的外部效益，使民办学校在履行公益性角色时因不能使市场效益最大化而招致利益损失。因此，代表社会公共利益的政府有必要对民办学校提供教育成本补偿与资助。对民办学校的资助应本着“效率优先、兼顾公平”的原则，提供积极的财政政策，如土地征用优惠政策、税收优惠政策（向非营利性民办学校提供免税待遇）、学生资助（助学金或贴息贷款）等，将竞争机制引入财政资助，通过激励和约束机制促进民办学校的发展。政府即使不能在财政资助方面给予民办学校大力支持，至少也应该在制度安排、政策支持方面有所作为。事实上，国家的一些政策不但没有保证民办学校获得与公立学校平等的地位，反而人为地制造了公办学校、民办学校之间的不平等，使民办学校处于更加不利的竞争环境，例如，国家允许重点中学在义务教育阶段办高收费的转制学校，允许公立大学举办独立二级学院和扩招的政策实际上恶化了真正的民办学校的生存环境，使其处于更加不利的地位。对现阶段的民办学校来说，公平的竞争环境和平等的政策待遇甚至比直接的财政资助更重要。

第三，明确界定政府在民办教育中的作用和角色，将政府干预与市场调节有机地结合起来。关于政府在私立教育中的作用与角色，美国已为我们提供一个参照样本。从美国私立教育发展的历史看，纯粹不受政府约束的情况从来都没有出现过。但总的来说，美国各级政府对私立学校的管制比较宽松，对私立学校的规范与管理有一套比较成熟、完善的制度机制。政府对私立教育的直接干预并不多，而是将财政资助作为施加控制和实现政府特定目标的手段；私立学校如果担心受到政府的约束，可以不接受政府的资助。同时，政府的行为受到宪法、公共团体、市场规则和公众舆论的掣肘。美国政府管理私立教育的方式体现了有限政府的特点。政府在私立教育中的作用主要是制定行为规则，为私立教育发展提供激励机制，确保教育的标准和质量。与美国相反，我国教育行政管理部门实行的是一种行政命令式的、自上而下的、科层制的管理模式。在教育供给方面，政府几乎垄断了整个国家的教育服务，政府集教育管理者和教育提供者的角色于一身，既当裁判员又当运动员，政府的角色错位直接导致目前民办教育的不利竞争地位。在任何经济中，坏的政策必然鼓励无效率。我国对公立教育实行的"分配"政策就是一种鼓励无效率的公共政策。政府包揽了公立教育的大部分开支，同时，公立学校还向学生收取相关费用。充足的公共资源使公立院校对质量控制、成本效益、改革创新、市场竞争等没有给予足够重视，部分公立学校成本过度增大，效率低下，资源浪费严重，创新乏力。同时，这种"分配"政策使部分公立学校可以利用政府的财政资助开展"寻租"行为，不仅导致公共资源的大量浪费和低效率，而且使民办学校处于不公平的竞争环境，在与公立学校的竞争中只能处于劣势。

我国在确定教育的发展规模时仍然实行中央计划和地方计划，这种方式主要靠指示和指令来计划和建立秩序。在封闭的、系统规模相对较小、不复杂的场合，中央的统一计划和指挥可能会产生比较好的效果。然而，“当一个系统变得复杂和开放时，制订计划并建立秩序的领导者在认识上的局限性很容易成为一个瓶颈”①。政策干预的直接作用是促进预期目的，但在一个复杂的开放系统中，别的效应可能会变成主导因素，从而使初始的干预最终产生出违背初衷的不良效应。教育是私人利益和公共利益的交叉，是兼具公共产品与私人产品属性的混合物品，因此，教育服务不应该由国家垄断，而应由政府和私人共同提供。由政府提供并不一定非得由政府亲自举办或真正充当市场博弈的裁判者的角色，为教育市场的参与者制定公平的游戏规则，保证各方的利益。正如著名经济学家弗里德曼所说，“政府应维护法律和秩序，界定产权，充当我们修改产权和其他经济博弈规则的工具，裁决在解释规则上出现的争端，强制执行契约，促进竞争”②，“国家的作用是建立规则，充当确保公民得到高水平服务的管家，管制必须是原则性的和少而精的”。政府在约束自身行为、减少对民办教育的参与的同时，应积极引导和努力培育自发性的市场机制，将竞争适当引入教育领域，提高整个教育系统的效率。

近来从政府到舆论界掀起了反对教育产业化的风暴，但反对教育产业化并不等于不鼓励民间办学，恰恰相反，应当继续积极鼓励、大力扶持民办教育的健康发展。民办教育与教育产业化是

① ［德］柯武刚、史漫飞著，韩朝华译：《制度经济学：社会秩序与公共政策》，商务印书馆2000年版，第175页。

② ［德］柯武刚、史漫飞著，韩朝华译：《制度经济学：社会秩序与公共政策》，商务印书馆2000年版，第375页。

两个不相干的范畴，公办学校与民办学校并举将是我国教育发展的长期方针。但应当明确的是：第一，民办学校与公办学校一样都是社会公益性教育机构，都具有相同的教育功能，都要贯彻党的教育方针，都要贯彻我国《教育法》规定的“教育不得以营利为目的”。第二，民办学校就是私立学校，而私立学校并不是“私有制”学校，亦即不是任何私人的产业，而是一种非营利法人机构，它的资产实际上已是一种特殊的社会公共资产。第三，公办学校与民办学校的主要区别在于举办经费的来源不同，内部权力架构和治理结构不同，而并不在于是否收取学费。收费并不是民办学校的特权，政府经费拨款也不是公办学校的专利；因而，公办学校可以收取学费，民办学校也可以得到政府的经费支持。

有的观点认为，教育特别是义务教育不能有营利性教育机构介入，否则会破坏其外溢效果。营利性教育机构所关心的不是为公众提供服务，而是如何赚钱，是如何用最低的成本提供最廉价的产品服务，然而，对“私利”的追求会破坏“公益”。关于这个问题，可以从制度环境的作用、教育生产的特点和商业世界的现实三个方面来分析。第一，良好的制度环境建设让人不敢为追求“私利”而破坏“公益”。有些人担心营利性企业会漠视社会利益，这种担心可以通过政府管制来解决，而不必由政府代替企业组织生产。一部分人会有机会主义动机，可以通过制度约束使其“不得不”守法经营。当制度设计具有更好的适应性，更好地把握公共利益与经济效益之间的平衡时，制度的目标就更可能得以实现。为他人利益而努力，有三种可能：出于爱、团结或其他各种利他主义；受到胁迫的压力；按自己的自由意志行动，但出于明智的自利动机。在市场机制中，让人明智地为“自利”而“利他”，就要有制度约束，保护其产权，使其出于长期的、广义的自我利益而努力建立和维护良好的声誉。第二，为追求

“私利”而生产的教育产品，有正的外部性，也含有“公益”。教育的公益性主要表现为教育所具有的外溢的社会效益，营利性教育机构所改变的只是教育的福利化分配方式，并不会改变教育结果的社会效益。营利性教育机构按教育规律和教育市场的要求组织教育生产，按市场规律与外部环境进行资源交换。从这个角度上讲，所有的学校其实都是公立学校。还有观点认为，营利性教育机构倒闭会带来坏的影响。教育机构会否倒闭，取决于举办者的资金实力和管理能力，与其组织的营利与否没有直接关系。自 1990 年以来，美国营利性私立高校的校园数增长了 112%，同期有 200 多所非营利性私立高校破产。第三，成功的商业机构并非以破坏“公益”为代价去追逐“私利”。斯坦福大学的一个研究小组用 6 年时间，研究了平均有近百年历史的 18 个长盛不衰的公司后得出结论：这些企业都有“利润以外”的追求，它们追求一组目标，利润只是其中之一，而且不是最重要的目标。它们为一种核心理念所指引，这种理念包括核心价值观和超越只知赚钱的使命感。但有趣的是，它们要比纯粹以赢利为目标的公司赚更多的钱。教育消费者是聪明的，市场是公平的。教育机构只有提供了有价值的服务才能得到认可，提供糟糕的教育服务就会被市场抛弃，教育与利润是可以共处的。有学者尖锐地指出：在高等教育领域，一些人经常用影响教育公平、破坏外溢效果的论调来掩饰对竞争的恐惧。

从经济学的观点来看，混合品的供给可以通过政府和市场两种机制实现。营利性教育机构作为竞争性的教育生产单位，具有企业的性质：从要素市场和产品市场上购买教育生产的有关投入，组织其产品——教育服务的生产，在教育服务市场上销售其产品。义务教育阶段的教育服务当然也可以由民间生产或政府委托民间生产。但营利性教育机构所占比例并不会很大，这是因为：①国家提供的义务教育一般是免费的、充足的，没有“过度需求”；②国家对义务教育阶段的课程有一定的控制，实现“差异需求”的空间较小。

（二）建立民办教育与公办教育资源共享机制

近几年来，公办学校纷纷运用民办学校的运作方式来扩大教育资源存量。当前主要有这样几种形式：第一种是名校办民校，主要发生在基础教育阶段；第二种是公办高等学校举办二级学院，又叫独立学院，全国的二级学院至2006年4月为止有316所；第三种是以公办学校为核心的教育集团，教育集团的参与者大多是民办学校；第四种是公办民助型转制，即产权不变，以民办机制运作；第五种是通过转让有形资产或无形资产来举办民办学校；第六种是政府出资（包括土地）、吸纳民间资金举办的股份制学校；第七种是地方政府新办（多数用贷款）的学校，用民营办法经营；第八种是部分地方发放教育卷，公办与民办教育资源共享；第九种是采取委托管理，利用企业管理经验管理学校；第十种是优质学校采取择校收费。[①]利用公共教育资源发展民办教育与仅仅利用民间资金发展民办教育相比，前者整合了两种体制优势，显然有更大的发展空间。从当前民办教育发展的形势考量，只有利用公共教育资源才能保证民办教育与公办教育具有同等的法律地位，才能让民办学校的教师和学生享受公办学校的教师和学生同等的权益。[②]当前最重要和行之有效的措施有两条：一是向民办学校提供以学生人数为依据的普遍的公共财政资助，这既是世界各国的普遍做法，也是学生受教育权利平等的必要保障；二是对民办学

① 谈松华：《教育民营化现象与民办教育发展策略》，《教育发展研究》2005年第9期。

② 吴华：《民办教育的发展与困境》，杨东平主编：《2005年中国教育发展报告》，社会科学文献出版社2006年版，第135页。

校的教师提供与公办学校教师同样的基于职业身份的社会保障，使他们不会因身份歧视而离开民办学校。

（三）建立外控和自律相结合的机制

1. 严格规范民办学校的办学条件

在《促进法》颁布之前，为了扶持民办教育的发展，各地对民办学校准入条件的要求是比较宽的，不少学校是通过租借校舍来办学的。《促进法》和《条例》实施后，必须按照办学的基本条件来审批民办学校。不具备基本的办学条件，特别是没有自己独立的校舍，靠租借房子办学的，一律不准审批。保持合理布局，避免在一个地方民办学校过度集中，防止恶性竞争，也是教育行政部门的责任。因此，教育行政部门对民办学校的审批，不仅要考虑办学条件，而且要研究本地民办教育发展的状况，注意当地需要什么类型的民办学校，民办学校布局是否合理等，以防止盲目办学，重复建设。义务教育阶段名校办民校必须按照《条例》的要求，“具有独立的法人资格，具有与公办学校相分离的校园和基本教育教学设施，实行独立的财务会计制度，独立招生，独立颁发学业证书”。这些基本条件必须坚持，不能放宽。政府要支持义务教育阶段民办教育的发展，但支持的必须是新增的教育资源，而不仅是现有国有教育资源的转制，必须严格把握这个政策界限，绝不允许义务教育阶段的学校改制。

2. 加强对民办学校教育教学工作的管理

《促进法》第三十九条规定：“教育行政部门及有关部门应当对民办学校的教育教学工作、教师培训工作进行指导。”第四十条规定：“教育行政部门及有关部门依法对民办学校实行督导，促进提高办学质量；组织或委托社会中介组织评估办学水平和教育质量，并将评估结果向社会公布。”第四十一条规定：“民办学校的招生简章和广告，应当报审批机关备案。”《条例》

第三十二条又对教育行政部门对民办学校的管理作了更为明确具体的规定："教育行政部门、劳动和社会保障部门应当加强对民办学校的日常监督，定期组织和委托社会中介组织评估民办学校办学水平和教育质量。"根据《促进法》和《条例》的上述规定，当前各级教育行政和业务部门，要加强对民办学校的教育教学管理：一是对民办学校的教师培训和教学改革的指导要与公办学校一视同仁，一样管理。二是对民办学校每年要进行一次教育教学质量督导检查。三是加强对民办学校的招生宣传广告管理。严禁通过夸大办学条件、办学成绩、虚假广告等手段招揽学生。

3. 切实加强对民办学校的财务监督和管理

《促进法》第三十条规定："民办学校应当依法建立财务、会计制度和资产管理制度，并按照国家有关规定设置会计账簿。"第三十八条规定："民办学校资产的使用和财务管理受审批机关和其他有关部门的监督。民办学校应当在每个会计年度结束时制作财务会计报告，委托会计师事务所依法进行审计，并公布审计结果。"上述一系列规定，为各级教育行政部门加强对民办学校的财务监督和管理提供了法律依据。一是要加强对民办学校的收费管理。出现问题的民办学校，大都存在以各种名义收取高额建校费的问题。加强对民办学校的收费管理，要按物价部门审定的收费标准收费，严禁收取高额建校基金；已收取了建校基金的民办学校要立即进行清理。当前各级教育行政部门对此必须给予高度重视。二是督促民办学校建立健全财务管理制度、财务管理档案。民办学校必须依法建立财务、会计制度与资产管理制度，并按照行政事业单位会计制度规定设置会计账簿。民办学校的收费必须使用财政部门监制的专用票据，不得打白条，不得设账外账，要增加财务透明度。民办学校的资金要自觉接受收支两条线管理，增加资金使用的计划性、合理性，尤其要按照《促进法》、《条例》的有关规定，将必须提留的资金按标准留足，不得挪作他用，避免教育资金流失，确保民办学校健康运行等。三是加强对民办学校的财务监督和管理。民办学校除按规定每年接受审计部门的审计外，还必须接受审批机关的财务监督。从各地的经验看，各级教育行政部门必须坚持财务年审制度。

中国的民办教育面临着一个历史转型，更大的问题是中国的教育体制面临着一个历史性的转型。随着社会发展的需要，真正建立一个市场导向、服务导向的行政管理体制，可以通过解除垄断、减少管制、下放权力和规范化、确立自主性来营造一个全社会能够共同参与的教育事业，形成一个活泼的健康的生长的教育环境。这对于公办教育还是民办教育而言都是一个共同的需要。

（四）加强民办教育立法建设

应加强立法建设，规范教育市场和私立学校的发展，让私立学校更好地服务于社会。私立学校虽然可以有一定的利润目标，但是从本质上来说，应该属于非营利性的非政府组织。在市场竞争不规范的背景下，可以实施的政策措施包括：①应规定私立学校必须有对社会的回馈，壮大非营利性私立学校在私立学校中的比例，对营利性的私立学校可以实行更高的税收；②可以规定私立学校必须将其收入的一部分上缴政府，用于补偿公共教育在师资、生源和学校品牌等方面所遭遇的负外部性；③可以规定私立学校必须设立一定数量或比例的奖学金，提高低收入家庭的高能力学生获取私立学校的优质教育资源的可能性；④应规范私立学校对于生源的选择行为，私立学校对于学生的选择不能是无限的，必须以有利于公立和私立学校之间的良性竞争为原则。[①]

---

① 丁维莉、陆铭：《基础教育财政的一般均衡分析》，《中国社会科学》2005年第6期。

附：我国改革开放以来民办教育的立法进程

1982年11月26日，彭真委员长在第五届全国人民代表大会第五次会议上所作的《关于中华人民共和国宪法修改草案的报告》中，提出“两条腿”办教育的方针。在12月4日正式通过的《中华人民共和国宪法》中规定：“国家鼓励集体经济组织、国家企业事业组织和其他社会力量依照法律规定举办各种教育事业。”

1985年5月，中共中央发布《关于教育体制改革的决定》，指出“地方要鼓励和指导国家企业、社会团体和个人办学”。这个时期出现的民办教育多是非学历的文化补习性质的培训机构。

1992年以后，随着邓小平同志“南方讲话”的发表，中国加速了改革开放的进程。同年召开了中国共产党第十四次全国代表大会，大会报告指出，“鼓励多渠道、多形式社会集资办学和民间办学，改变国家包办教育的做法”。

1993年2月，中共中央、国务院颁布的《中国教育改革和发展纲要》指出要“改变政府包揽办学的格局，逐步建立以政府办学为主体、社会各界共同办学的体制”。“国家对社会团体和公民个人依法办学，采取积极鼓励、大力支持、正确引导、加强管理的方针。”民办教育也推进到中、高等职业教育和职业培训领域。

1997年7月，国务院颁布《社会力量办学条例》，这是新中国成立以来第一个规范民办教育的行政法规，标志着中国民办教育进入了依法办学、依法管理、依法行政的新阶段。同年，中国共产党第十五次全国代表大会提出了科教兴国战略，政府加大了教育改革与发展的力度。

1999年6月，召开了全国教育工作会议，会议提出要大力发展民办教育。会议决定，在我国第十个五年计划期间，要基本形成以政府办学为主体，公办学校与民办学校共同发展的教育格局。经过短短二十多年的发展，目前民办学校不论在数量上还是在校生总量上都已远远超过了50年代的私立学校，而且表现出强劲的发展势头。

2002年12月28日，《民办教育促进法》颁布，我国民办教育又进入了一个快速发展期。

2004年2月25日，国务院第四十一次常务会议审议通过了《民办教育促进法实施条例》。3月5日，温家宝总理签署发布了《民办教育促进法实施条例》。

结　语

一、制度变迁与创新的路径及我们的选择

中国的改革从1978年算起已有三十余年时间。三十多年改革最大的意义是使中国脱离了旧的体制，逐步汇入世界主流文明，开始成为国际大家庭的一个正常成员。正因为如此，由中国、苏联以及东欧等国家汇聚而成的这次转型过程，成为自西方现代文明诞生以来人类社会的第二次大转变。因此，改革这个基本取向和目标，无论如何都是要坚持下去的。1985年颁布的《中共中央关于教育体制改革的决定》是中国教育按照面向现代化、面向世界、面向未来的需要，进行制度变革的真正起点，是中国社会改革开放政策的重要组成部分，对中国教育发展和改革产生了历史性作用。1993年的《教育改革与发展纲要》和2010年发布的《国家中长期教育改革和发展规划纲要（2010—2020年）》，不断将中国的教育改革引向深入。

20世纪80年代开始的改革从本质上而言就是一场新的制度变革。党和国家的领导人深切地意识到，社会主义基本制度的巩固和完善需要相应体制的支撑，需要建立和健全市场经济体制、民主法制制度及现代竞争机制。在这一全新的制度建设思路的指引下，中国开始了制度的现代转型，逐渐形成了中国特有的制度建设模式。农村生产承包责任制的实施，商品流通和市场机制的建立，法制的恢复与重建，这些制度的选择焕发了整个社会的生

机与活力，使中国步入前所未有的高速发展时期。但到 20 世纪 90 年代中期，制度建设的变革模式又发生了转变，从自上而下的制度建设模式转变为自下而上的制度创新模式。这种制度创新模式的基本思路是：人们根据自己生存和发展的客观需要，在已有基本制度的架构之内，不断创造出一些有用的制度安排。事实上，只要有新的、潜在的利益机会存在，就要求以具体制度安排上的创新来体现和实现这种新的利益机会，只要政府和社会允许和鼓励个体的制度创新，并使创新的预期收益大于预期成本，制度安排和规章制度就必然会被创新。但是，由于制度安排都是个体根据自己的特殊需要而作出的，个体在权利与利益上具有多元化特征，甚至相互冲突，这就需要利用社会和政府的力量确立和创造一些中观层次的具体制度和规则（主要体现为立法），来协调这些可能相互矛盾和冲突的制度安排和博弈规则，使之体系化、形式化和一般化，进而推动社会进行宏观结构和基本制度上的合理变迁。

制度变迁是人们的主观选择，是利益群体之间的博弈过程。是强制性制度变迁还是诱致性制度变迁取决于广泛的制度环境、旧制度的惯性大小和对新制度变迁的各种准备。不同的选择也就具有不同的制度效益。从中国三十多年来的改革实践来看，中国式改革实际上在很大程度上并不是由全民主导改革，而是由权力部门主导改革，社会精英影响改革。“权力部门化，部门利益化，利益集团化”已经成为中国式改革的典型表征，这样一种运作机制完全可能导致改革的扭曲。任何社会背景下，利益集团的产生都是不可避免的。只要有社会分工，就可能产生利益群体，只要有利益群体，就可能产生利益集团。不同的利益集团在说着自己的话，展示着自己的力量，这是现实，也是社会发展的基础。在各种合法的利益集团面前，政府需要提供的是制度平台，以实现利益表达、博弈、调控的制度化，提供开放的合法利益表达渠道，让各种力量在相互博弈和沟通中达成共识。从政策实施经验上看，一个政策可能使一个问题得到改善，却导致了其他问题的产生，或者使现在的一种状况得到改善，却为未来产生某种问题埋下隐患。从理性选择来说，绝大多数人的收益与可持续发展的收益应该是改革的前提与基础。

制度安排具有理想和现实两种形态。合理的制度安排是在正确的理念指导下，通过利益群体的博弈不断生成和完善的。过于理想的制度安排不仅不能产生制度功效，而且会导致制度效率损失和付出惨重的代价。在制度安排问题上，我们在计划经济时代的一个重大失误，是选取了一种不适合社会发展的制度建设模式，这是一种自上而下的、演绎式的类推模式。这一模式的基本要点是：先将我国社会的基本制度确定为公有制，然后将公有制推演为计划经济，并用单一的计划经济体制去运行单一的公有制，最后把公有制推演到每个个人的行为和观念上，使一切制度安排甚至个体行为都按公有制来规划和定制。在教育上就表现为单一的公立学校一统天下，不允许私立学校的出现。这种制度模式的推行在当时的国际、国内形势下，当然有一定的历史原因，但它的基本思路是错误的，既违背了马克思主义“生产力决定生产关系，并通过生产关系决定一切制度安排”的基本原理，又不符合制度变迁和制度建设的客观规律，把一切制度都不适当地上升到社会基本制度的层次，没有看到制度的多层次性和复杂性，从而将中国的制度建设简单化，脱离了中国社会发展的实际。其后果是：在具体操作过程中，这一制度模式极大地压抑了人们的积极性、主动性、创造性的发挥，不仅将个体（包括个人和各种组织）的自由限制到最小的程度，而且妨碍和限制了社会发展所必需的交换、交往、互动、流动，从而构成了生产力发展和社会进步的最大制约因素。

我们的社会演化到今天，我们的文化传统、我们的信仰体系等都是根本性的制约因素，我们必须考虑这些制约因素。秦晓先生曾对“现代性”和“现代化”作过一个有益的辨识。他认为：“现代性”是指欧洲启蒙运动所倡导的自由、理性、个人权利等核心价值观和以此为基础建立的市场经济、民主政体和民族国家等一整套制度，即现代文明秩序；而“现代化”在中国的语境中主要是指经济的发展和民众福祉的改善，亦被理解为民富国强。“现代性”和“现代化”构成了中国一百多年来社会转型的两个不同主调的“双重变奏曲”（李泽厚语），由于各种主客观原因，前者总是被后者淹没。[①] 他认为社会转型是当代中国的主题，即建立一个以现代核心价值观（自由、理性、个人权利）为支撑，以市场经济、民主政体和民族国家为基本制度的现代文明秩序。这一历史的进程不应被引导到“现代化建设”的路径上，因为在中国的语境中现代化即是民富国强，它的内涵主要是经济和物质的指标，而价值体系和制度安排则被抽离。经济增长的奇迹只能称为“中国故事”，而“中国模式”的形成则须以社会转型为标志。[②]

因此，我们只有充分地认识过去，才能清楚未来面对的制约因素，从而选择我们的机会。制度在某种程度上是未来而不是今天决定的。制度演变的参与者首先拥有的是对合理世界的构想，然后才决定制度演变的方向。

二、教育制度创新的价值向度与路径展望

教育制度创新不仅是技术的路径和方式的选择，更是一种制

① 秦晓：《当代中国问题研究：使命、宗旨和方法论》，《科学决策》2008 年第 5 期。

② 秦晓等：《社会转型与现代性问题座谈纪要》，《读书》2009 年第 7 期。

度理念的创新或新的价值信念的形成。因此，比教育制度创新本身更重要的是如何设计制度知识和设计怎样的制度信仰。纵观中国教育制度的变迁，制度创新知识的肤浅或盲目引进国外的制度知识，是造成制度安排失误和产生制度负效应的根源。放眼未来，教育制度创新必须进行价值定位。

第一个向度是公共决策的向度。教育乃立人之基、立国之本、万国之基业。改革的第一个向度，就是应该体现决策的公共性，建立完善的公共决策体制。以这个向度来衡量，我国真正的公共决策体制改革尚未启动，绝大部分改革方案，从收费、扩招到高考名额分配等，基本上都是由主管部门自己决策、自己执行。这才会出现全国人大通过的《民办教育促进法》到了教育部手里迟迟不见《实施细则》出台，终于出台时产权问题却被回避，以及对民办教育和公办教育区别对待等现象。因此，改革的第一个向度应该是切实建立起公共决策、部门执行的管理体制，避免部门利益化、利益合法化对教育改革的侵蚀。

第二个向度是教育独立、自主、自由的向度。如今，从教育主体（学校、教师）的内部环境上看，无论大学、中学还是小学，教育的行政化问题已经深深嵌入教育的一切细节中，腐蚀着教育的灵魂。是行政官员主导教育还是教育家主导教育，这是个问题。而从教育的外部环境上看，国家垄断教育的基本格局并没有从根本上受到冲击，国家、个人、社会团体和其他组织共同举办教育事业的多元办学格局并没有形成，这无形之中，既加重了国家对教育责任的负担，也大大妨碍了公民自由选择的教育权利之实现。

第三个向度是受教育主体个性和创造力自由发展的向度，其考核的标准是素质教育的程度。一方面，由于国家垄断的局面没有被动摇，另一方面，由于对现有的教育资源实行等级化管理模式，导致大学录取率越来越高、应试教育却愈演愈烈的现象。政府将大量资源投入到大学、中学、小学的“名校”中，即使大学不断扩招，“金字塔”不断加大，“塔尖”也永远只有一个。且由于“塔基”的不断加大，往“塔尖”拥挤的人也越发拥挤。以往只要考上大学就好，如今大学生多了，就非得考上个名校才有竞争力。现有的全省统一教材、统一大纲、统一试卷的人才选拔模式，又成为各大学标准取人的应试教育的最好“制度帮手”。在学校管理等级化和高考一张试卷、一个标准的双重模式下，学生的智能、个性和创造力要获得全面、自由的发展殊为不易，有教无类、全面发展的教育理想遥不可及。除了伤及学生的个性和创造力发展，由此带来的择校制度又使教育成为民众不堪承受的负担。现有的大学统考模式，从经济上来说是最节约的，但是从人才的个性和创造力发展上看却可能是最浪费的。在一个拥有十数亿人口的国家里，每个大学都自主招生显然不可能，能否选择一个折中的办法，一是采取大学联考的方式，二是采取由社会来发展统考、不同大学外加特殊测试等方式，不拘一格选拔人才。这样做可以一举多得：既发展素质教育，打破教育等级化格局，同时考试也不再成为国家的经济负担，而成为社会的赢利项目。

一般来说，社会发展其实就是人类扩张选择的一个过程，经济增长的基本目标也是扩张人类选择。经济增长往往通过三种途径达到，一是扩大资源基础和积累资本；二是通过教育、提高人的素质等方法来改善人力资本；三是改善制度结构。制度对人类之所以重要，是因为制度通过影响信息和资源的可获得性，通过塑造动力，以及通过建立社会交易的基本规则而实现社会进步。成功的制度创新往往能对个人和社会选择产生很好的影响，并通过为社会提供更有效率的组织途径而对发展作出贡献。

应当推动建立一个让每个人的能力都能够得到充分发挥，每个人在追求自己的福利增加的时候也同时增加整个社会的福利的制度环境，通过法治来保证人们的自由选择。按照哈耶克的观点，法治是指“政府在一切行动中都受到事前规定并宣布的规则约束，这种规则使得一切个人均有可能十分确定地预见到在某一情况中会怎样运用其强制权力，并根据这个预期来规划自己的事务”①。

教育经济学作为一门交叉学科、新兴学科，在某种程度上也可以说是边缘学科，从它诞生的那天起就不断地要借助其他学科的理论和方法来增强对问题的解释力，本文正是这种努力的一种尝试。正如某个学者所言：“我绝不对世界说，我的发现就是真理，我参与世界，我发表我的见解，但我绝不说我的见解就是最正确的，要求社会接受我的见解。”哈耶克也曾说过，在未来的不确定性面前，全体社会成员都以单一的主流方式生活，将导致全体社会成员的灭亡，伟大社会之所以伟大，就在于它鼓励一切社会成员在一切可能的方向上探索和生活。②

诚如是，则人类幸甚。

---

① ［奥］哈耶克著，王明毅等译：《通往奴役之路》，中国社会科学出版社 1997 年版，第 73 页。

② 汪丁丁、韦森、姚洋著：《制度经济学三人谈》，北京大学出版社 2005 年版，第 263 页。

参考文献

一、专著类

1. 薛晓源、陈家刚:《全球化与新制度主义》，社会科学文献出版社 2004 年版。

2. 邹吉忠:《自由与秩序》，北京师范大学出版社 2003 年版。

3. ［美］文森特·奥斯特罗姆著，毛寿龙译:《美国公共行政的思想危机》，上海三联书店 1999 年版。

4. ［美］R. 科斯等著:《财产权利与制度变迁——产权学派与新制度学派译文集》，上海三联书店，上海人民出版社 1994 年版。

5. 康宁:《中国经济转型中高等教育资源配置的制度创新》，教育科学出版社 2005 年版。

6. 盛洪:《现代制度经济学（上、下册）》，北京大学出版社 2003 年版。

7. ［英］伊特韦尔等编:《新帕尔格雷夫经济学大辞典》（中译本）第 1 卷，中国经济科学出版社 1997 年版。

8. 林毅夫:《论经济学方法》，北京大学出版社 2005 年版。

9. ［英］伊特韦尔等编:《新帕尔格雷夫经济学大辞典》（中译本）第 2 卷，中国经济科学出版社 1997 年版。

10. ［美］道格拉斯·C. 诺思，陈郁、罗华平等译:《经济史中的结构与变迁》，上海三联书店，上海人民出版社 1994 年版。

11. 马健生:《教育改革动力研究——新制度主义的视角》，

吉林人民出版社 2001 年版。

12. 刘军宁：《市场社会与公共秩序》，生活 · 读书 · 新知三联书店 1996 年版。

13. [美] 康芒斯：《制度经济学（上册）》（中译本），商务印书馆 1962 年版。

14. 张宇燕：《经济发展与制度选择》，中国人民大学出版社 1992 年版。

15. [美] 道格拉斯 · C. 诺思：《制度、制度变迁与经济绩效》，格致出版社，上海三联书店，上海人民出版社 1994 年版。

16. 文池：《在北大听讲座——思想的声音》，新世界出版社 2003 年版。

17. [日] 青木昌彦：《比较制度分析》，上海远东出版社 2001 年版。

18. 盛洪：《为什么制度重要》，郑州大学出版社 2004 年版。

19. 程虹：《制度变迁的周期——一个一般理论及其对中国改革的研究》，人民出版社 2000 年版。

20. 卢现祥：《西方新制度经济学》（修订版），中国发展出版社 2003 年版。

21. [美] 道格拉斯 · 诺思：《西方世界的兴起》，学苑出版社 1988 年版。

22. 《马克思恩格斯选集（第一卷）》，人民出版社 1972 年版。

23. [英] 安迪 · 格林，王春华等译：《教育与国家形成：英、法、美教育体系起源之比较》，教育科学出版社 2004 年版。

24. 梁忠义：《日本教育》，吉林教育出版社 2000 年版。

25. [美] 米尔顿 · 弗里德曼：《资本主义与自由》，商务印书馆 2004 年版。

26. 陈学恂：《中国近代教育史教学参考资料（上册）》，人民教育出版社 1986 年版。

27. 李华兴：《民国教育史》，上海教育出版社1997年版。

28. ［美］托马斯·R. 戴伊著，彭勃等译：《理解公共政策》(第十版)，华夏出版社2004年版。

29. ［美］约翰·丘伯、泰力·默著，蒋衡等译：《政治、市场和学校》，教育科学出版社2003年版。

30. 袁振国：《中国教育政策评论2002》，教育科学出版社2002年版。

31. 傅殷才：《新保守主义经济学》，中国经济出版社1994年版。

32.《中国教育年鉴（1949—1981)》，中国百科全书出版社1984年版。

33.《中共中央关于完善社会主义市场经济体制若干问题的决定（辅导读本)》，人民出版社2003年10月版。

34. 刘溶沧、赵志耘：《中国财政理论前沿Ⅲ》，社会科学文献出版社2003年版。

35. 贺春兰：《义务教育谁买单》，苏州大学出版社2003版。

36.《中国教育年鉴（1949—1982)》，教育科学出版社1983年版。

37. ［美］伊曼努尔·华勒斯坦等著：《自由主义的终结》，社会科学文献出版社2002年版。

38. 刘道玉：《一个大学校长的自白》，长江文艺出版社2005年版。

39. 陈桂生：《中国民办教育问题》，教育科学出版社2000年版。

40.《中华人民共和国教育大事记（1949—1982)》，教育科学出版社1983年版。

41. ［美］布鲁巴克著，党士豪译：《现代教育哲学》，台湾正中书局1974年版。

42. ［德］柯武刚、史漫飞著，韩朝华译：《制度经济学：

社会秩序与公共政策》，商务印书馆2000年版。

43. 杨东平：《2005年中国教育发展报告》，社会科学文献出版社2006年版。

44. ［英］哈耶克著，王明毅等译：《通往奴役之路》，中国社会科学出版社1997年版。

45. 汪丁丁、韦森、姚洋：《制度经济学三人谈》，北京大学出版社2005年版。

46. 宁本涛：《中国民办教育产权研究》，齐鲁出版社2003年版。

47. 盛洪：《经济学精神》，上海三联书店2003年版。

48. ［美］阿维纳什·K·迪克西特：《经济政策的制定：交易成本政治学的视角》，中国人民大学出版社2004年版。

49. ［澳］杨小凯、黄有光：《专业化与经济组织》，经济科学出版社2003年版。

50. ［美］哈罗德·德姆塞茨：《所有权、控制与企业》，经济科学出版社2003年版。

51. ［美］V. 奥斯特罗姆、D. 菲尼、H. 皮希特：《制度分析与发展之反思——问题与抉择》，商务印书馆2001年版。

52. 王善迈：《市场经济中之政府与市场》，北京师范大学出版社2002年版。

53. 汪洪涛：《制度经济学——制度及制度变迁性质解释》，复旦大学出版社2003年版。

54. ［美］詹姆斯·D. 格瓦特尼、理克德·L. 斯特鲁普、卢瑟尔·S. 索贝尔：《经济学——私人与公共选择》，中信出版社2004年版。

55. ［美］乔治·弗雷德里克森：《公共行政的精神》，中国人民大学出版社2003年版。

56. 王名：《中国非政府公共部门》，清华大学出版社2004年版。

57. 李习彬、李亚：《政府管理创新与系统思维》，北京大学出版社2002年版。

58. ［美］麦克尔·麦金尼斯：《多中心治道与发展》，上海三联书店2000年版。

59. ［美］埃莉诺·奥斯特罗姆：《公共事物的治理之道》，上海三联书店2000年版。

60. ［美］E. S. 萨瓦斯：《民营化与公私部门的伙伴关系》，中国人民大学出版社2002年版。

61. ［美］奥斯特罗姆、帕克斯、惠特克：《公共服务的制度建构》，上海三联书店2000年版。

62. ［美］尼古拉斯·亨利：《公共行政与公共事务》，华夏出版社2002年版。

63. ［美］A. 爱伦. 斯密德：《财产、权利和公共选择——对法和经济学的进一步思考》，上海三联书店，上海人民出版社1999年版。

64. ［美］B. 普伊·彼德斯：《政府未来的治理模式》，中国人民大学出版社2001年版。

65. 马长山：《国家、市民社会与法制》，商务印书馆2002年版。

66. 方福前：《公共选择理论——政治的经济学》，中国人民大学出版社2000年版。

67. 顾丽梅：《信息社会的政府治理》，天津人民出版社2003年版。

68. 黄恒学：《公共经济学》，北京大学出版社2002年版。

69. 刘军宁等编：《市场社会与公共秩序》（公共论丛），生活·读书·新知三联书店1996年版。

70. 经济合作与发展组织：《分散化的公共治理——代理机构、权力主体和其他政府实体》，中信出版社2004年版。

71. 金太军、赵晖、高红、张方华：《政府职能——梳理与重构》，广东人民出版社 2002 年版。

72. 何增科：《公民社会与第三部门》，社会科学文献出版社 2000 年版。

73. 邓正来：《邓正来自选集》，广西师范大学出版社 2000 年版。

74. 邓正来：《自由与秩序——哈耶克社会理论的研究》，江西教育出版社 1998 年版。

75. ［美］帕森斯：《现代社会的结构与过程》，光明日报出版社 1988 年版。

76. ［英］F. A. 冯·哈耶克：《个人主义与经济秩序》，生活·读书·新知三联书店 2003 年版。

77. 曹荣湘选编：《走出囚徒的困境——社会资本与制度分析》，上海三联书店 2003 年版。

78. ［美］道格拉斯·C. 诺思：《西方世界的兴起》，华夏出版社 1999 年版。

79. 曲恒昌、曾晓东：《西方教育经济学研究》，北京师范大学出版社 2000 年版。

80. 王善迈：《教育投入与产出研究》，河北教育出版社 1999 年版。

81. 袁振国、周彬：《中国民办教育政策分析》，中国社会科学出版社 2003 年版。

82. 胡卫：《民办教育的发展与规范》，教育科学出版社 2000 年版。

83. 房剑森：《中国民办教育发展报告》，中国社会科学出版社 2003 年版。

84. ［美］科斯、诺思、威廉姆森等著，刘刚等译：《制度、契约与组织》，经济科学出版社 2003 年版。

85. ［美］菲吕博顿、瑞切特编，孙经纬译：《新制度经济学》，上海财经大学出版社 1998 年版。

86．李宝元：《人力资本与经济发展》，北京师范大学出版社 2000 年版。

87．国家教育发展研究中心编著：《2003 中国教育绿皮书——中国教育政策年度分析报告》，教育科学出版社 2003 年版。

88．朱小蔓：《对策与建议——2003—2004 年度教育热点、难点问题分析》，教育科学出版社 2003 年版。

89．钟启泉、金正扬、吴国平：《解读中国教育》，教育科学出版社 2000 年版。

90．靳希斌：《教育资本规范运作》，四川教育出版社 2003 年版。

91．谭崇台：《发展经济学》，上海人民出版社 1989 年版。

92．孙霄兵、孟庆瑜：《教育的公正与利益》，华东师范大学出版社 2005 年版。

93．刘军宁等编：《市场逻辑与国家观念》，生活·读书·新知三联书店 1995 年版。

94．［美］A. 爱伦·斯密德：《制度与行为经济学》，中国人民出版社 2004 年版。

95．［英］诺曼·弗林：《公共部门管理》，中国青年出版社 2004 年版。

96．［美］道格拉斯·C. 诺思：《制度变革的经验研究》，经济科学出版社 2003 年版。

97．［美］安德鲁·肖特：《社会制度的经济理论》，上海财经大学出版社 2003 年版。

98．［冰岛］思拉恩·埃格特森：《经济行为与制度》，商务印书馆 2004 年版。

99．汪丁丁：《走向边缘：经济学家的人文意识》，上海译文出版社 2000 年版。

100．孙宽平：《转轨、规制与制度选择》，社会科学文献出版社 2004 年版。

101. 汪丁丁:《制度分析基础讲义》，上海人民出版社 2005 年版。

102. 张昕编:《公共政策与经济分析》，中国人民大学出版社 2004 年版。

103. ［加］迈克尔·富兰:《变革的力量——透视教育改革》，教育科学出版社 2000 年版。

104. Paul Ingram and Brain S. Silverman Eds, New Institutionalism in Strategic Management, Oxford: JAI, 2002.

105. B. Guy Peters, Institutional Theory in Political Science: The New Institutionalism, New York: Pinter, 1999.

106. Karol Soltan, Eric M. Uslander, and Virginia Haufler Eds., Institutions and Social Order, Ann Arbor: The University of Michigan Press, 1998.

二、文章类

107. 胡鞍钢:《第二次转型——以制度建设为中心》，《战略与管理》2002 年第 3 期。

108. 秦海:《制度范式与制度主义》，《社会学研究》1999 年第 5 期。

109. 李汉林等:《组织和制度创新与变迁的社会过程——一种拟议的综合分析》，《中国社会科学》2005 年第 1 期。

110. 刘晖:《制度创新：为中国教育释放更大的发展空间》，《教育科学》2003 年第 4 期。

111. ［美］道格拉斯·诺思 :《从制度经济学到制度主义的分析范式》，《经济社会体制比较 》2002 年第 5 期 。

112. 赵祥:《新制度主义路径依赖理论的发展》，《人文杂志》2004 年第 6 期。

113. 靳希斌:《教育产权与教育体制创新——从制度经济学角度分析教育体制改革问题》，《广东社会科学》2002 年第 2 期。

114. 李江源:《教育发展与教育制度创新略论》,《教育导刊》2003 年 2 ~3 月号。

115. 李江源:《论教育制度的现代转型》,《湖南师范大学教育科学学报》2005 年第 4 期。

116. 丁元竹:《经济社会协调发展若干问题研究》, 中国社会学网。

117. 郑功成:《从福利教育走向混合型的多元教育体系——中国的教育福利与人力资本投资》,《清华大学教育研究》2004 年第 5 期。

118. 曹正汉:《精英人物影响社会制度演进的条件和机制——广东省中山市崖口村公社制度个案》,《管理世界》2004 年第 6 期。

119. 张丽香:《浅析高校扩招存在的问题及对策》,《山东统计》2003 年总第 6 期。

120. 潘懋元:《中国高等教育大众化之路》,《新华文摘》1999 年第 5 期。

121. 李守信:《中国高等学校扩招启示录》,《中国高等教育》2001 年第 18 期。

122. 刘彦伟、胡晓阳:《20 世纪 90 年代中后期我国普通高等教育经费来源结构的变动》,《高等教育研究》2005 年第 6 期。

123. 康宁:《论教育决策与制度创新——以 ’99 高校扩招政策为案例的研究》,《高等教育研究》2000 年第 2 期。

124. 李钢:《大学的终结——1950 年代初期的院系调整》,《中国改革》2003 年第 8 期。

125. 康宁:《当前我国高等教育体制改革与结构调整的理论基础》,《教育研究》2000 年第 10 期。

126. 张芊、庞青山:《建国以来高校合并历史经验的追踪思考》,《现代大学教育》2004 年第 1 期。

127. ［美］罗杰 · 盖格, 盛晓明译:《私立高等教育的公共性》,《北京大学教育评论》2005 年第 2 期。

128. [美] 亨利 · M. 列文著,范皑皑译:《中国教育私营化的机遇与挑战》,《北京大学教育评论》2005 年第 1 期。

129. 谈松华:《教育民营化现象与民办教育发展策略》,《教育发展研究》2005 年第 9 期。

130. 文东茅:《论民办教育公益性与可营利性的非矛盾性》,《北京大学教育评论》2004 年第 1 期。

131. 许杰、王爱玲:《论人力资本理论的最新进展与教育制度创新》,《教育理论与实践》2005 年第 10 期。

132. 罗燕:《教育产业化的制度分析——新制度主义社会学的视角》,《教育与经济》2006 年第 1 期。

133. 高如峰:《对农村义务教育各级政府财政责任分工的建议方案》,《教育研究》2005 年第 3 期。

134. 汪明:《公办中小学办学体制改革问题的探讨》,《教育研究》2005 年第 8 期。

135. 张炜:《我国高校收费制度改革的分析与思考》,《北京大学教育评论》2005 年第 2 期。

136. 阎凤桥:《民办教育政策的经济学分析》,《教育研究》2005 年第 9 期。

137. 王善迈、曹夕多:《重构我国公共财政体制下的义务教育体制》,《北京大学教育评论》2005 年第 4 期。

138. 刘复兴:《转型期我国中小学类型的多样化及其制度安排》,《教育研究》2005 年第 4 期。

139. 劳凯声:《公共教育体制改革中的伦理问题》,《教育研究》2005 年第 2 期。

140. 朱永新:《我看转制学校》,《教育发展研究》2005 年第 8 期。

历史是现在对过去的认识
（代后记）

清末重臣李鸿章在奏折中直指当时中国处于数千年未有之大变局中，一直佩服他之识。在读到日本下关春帆楼旁石碑上刻“今之国威之隆，实滥觞于甲午之役”时又哀他之遇。作为中国近代现代化的设计者和实施者，李鸿章所展开的我们称之为洋务运动的改革，实际上与日本的明治维新处于同一时间，但二十年后检验两场改革成效的甲午战争却让世人大跌眼镜，这也让我第一次感到技术的先进与否并不是一国现代化最核心的急务。而对我第二次的类似触动是始于 20 世纪 70 年代末的中国农村联产承包责任制的巨大成功，当前后两年粮食产量巨大差异引起的困惑根本不能用生产技术的理由来解释。或许在中国这个有着悠久历史的国度里，制度变革才是推动社会进步与发展的第一生产力。

本书是在我博士论文的基础上修订而成的。数年时光的流逝及经济社会的变迁使我对当时一些问题的理解又有了一些新的认识，加之一些功利的理由让我决意将我当年的论文呈现给大家，以引起大家对该问题的进一步深入探讨。另一方面也示我不忘师训之心，在我的求学生涯中，有两位老师改变了我的人生轨迹。一位是我硕士学位导师范先佐教授，另一位是我博士学位导师靳希斌教授。能先后投在两位导师门下，是我一生的幸运。这些年来，两位老师不仅关心着我的事业，也关心着我的家庭，让人如沐春风。导师的风范像一本读不完的书，使我受益匪浅，师恩浩荡，常铭于心。

感谢我的父母多年来对我坚定的支持，只有当我也为人父母时才能真正体会到父母对子女无私的爱。希望二老保重身体，健康长寿！

感谢妻子陈耀武女士对我的照顾和鼓励，每每使我从沮丧中重拾信心。小儿皓然在我当年赴京求学时刚及周岁，但现在已经可以同我认真地讨论他那个年龄所关心的问题了。历史展现在我们面前的实际上是一幕幕让人不断回忆的画面，让人欣喜的同时也让人感叹时光的流逝。

感谢本书的责任编辑古碧卡女士的耐心与细致，正是她的不断督促使我能完成本书的修订。感谢我的同事及朋友对我工作的支持与帮助，感谢广州大学专著出版基金为本书的出版提供资助。在写作过程中参考了众多学者的资料与观点，在此一并致谢。书中观点的谬误由作者承担，欢迎批评与讨论。

我们在书写历史的同时也都在参与着历史的书写，这是吾辈学人的宿命与责任。

是为记。

张　翼

于广州花都映月湾

2012 年 5 月